パリ2024パラリンピックに向けて

写真：フォート・キシモト

重定知佳選手（アーチェリー）

田中光哉選手（テコンドー）

山口尚秀選手（水泳）

里見紗李奈選手（バドミントン）

友野有理選手（卓球）

廣瀬隆喜選手（ボッチャ）

車いすラグビー

ゴールボール（女子）

現代スポーツ評論 50

Contemporary Sports Critique

［特集］

スポーツにおける
ジェンダーを考える

目次

〔特集〕スポーツにおけるジェンダーを考える

主張

ジェンダーウォッシュに気をつけろ
―2024パリ大会に抱く憂鬱《ゆううつ》―

山口理恵子

現在進行形のできごとについて

銃を持ったイスラエル兵に逮捕され、連れ去られていく8、9歳の子どもたち。無防備な市民が狙い撃ち殺されていく様子。顔が認識できないほど焼け焦げた遺体。引きちぎられた体の一部。2023年10月7日以来、筆舌に尽くし難いガザでの光景がSNS上で広がっている。まるで地獄絵図のようだ。

2024年2月に、私はたまたまカリフォルニア大学リバーサイド校の学生自治会（ASUCR）に参加する機会を得た。夜の7時半から始まり、日にちをまたぐ直前まで続いたこの集会には、学生や卒業生、教員などが集まり会場を埋め尽くしていた。40人以上がパブリックコメントのために長い行列を作り、学内の学生団体やクラブが提唱するダイベストメント法案―イスラエルへの投資を停止し撤退する法案―を可決するよう訴えていた。

コメントをした学生のなかには、両親それぞれの親族がすでに100人以上もガザで殺害されたという者もいた。ナチス・ドイツによるホロコースト犠牲者の孫であるというユダヤ人の大学院生は「シオニズムはユダヤ教と同じだということを、地元の市議会、政府、教員たちから何度も聞かされました。ある民族全体に対する大量虐殺に資金を提供し、永続させている政府を盲目的に支持することが、ユダヤ人の安全のために必要なことだと。私はそれが間違っていることを伝えるために今日ここにいるのです」と訴えていた。

ロサンゼルス校、デイビス校に続き、リバーサイド校も、学生自治会がダイベストメント法案を全会一致で可決した。大学は翌日、学生自治会の決定に対して「この決議は大学の投資活動に全く影響を与えるものではない」とする反対声明を出したが、学生たちはその後も、キャンパス内でイスラエルのガザへの侵攻を今すぐ止めるよう日々訴えている。残念ながらこの原稿を書いている4月7日現在においても、イスラエルのガザへの攻撃は止んではおらず、戦闘開始から半年が経ったガザでは3万3千人以上が、イスラエル側は1200人が死亡したと伝えられている。

無論、ハマスの奇襲攻撃は暴力であり、許されることではない。しかし、多くの研究者が指摘するように、パレスチナの歴史を十分理解せず、ハマスに「テロリスト」の烙印を押し非難するということは、この問題の本質を見誤ってしまうどころか、イスラム嫌悪を助長してしまう。特に今年は、フランスでオリンピック・パラリンピックが開催されるが、すでにその舞台で「ジェンダー平等」を盾にしたイスラム嫌悪が火種となっている。

フランスのスカーフ論争

オリンピックとパレスチナ問題と言えば、1972年のミュンヘン五輪会期中に起こった「黒い9月事件」を想起する人も多いだろう。しかし今回注目するのは、ムスリム女性をターゲットにしたフランスの政策だ。

フランスといえば、同性・異性を問わず、成人した二人が継続的な共同生活を営むことのできる契約、PACS法が有名である。1999年のこの法律の成立によって、同性カップルも異性カップル同様の権利が認められるようになった。またフランスは、2024年3月に世界で初めて人工妊娠中絶を女性に「保証された自由」として、憲法に明記することを決めた。アメリカやヨーロッパ各国で、中絶を禁止する動きが高まっている中、フランスは、いかなる政党が政権を担うようになっても、「女性の権利」として中絶の自由を認めた。

　さらに今夏のフランス大会では、オリンピックとパラリンピックで同じエンブレムが使用されることになったのだが、そのデザインは、聖火、メダルのほか、フランスの共和制を象徴する女性像、「マリアンヌ」を基調としている。マリアンヌはその帽子（フリンジ帽）も公式マスコットとなり、パリ大会を飾るシンボルとなっている。このことからフランスは、セクシュアルマイノリティや女性の人権を重視する、「先進的な国」として映る。

　しかしフランスは、3回にわたる「スカーフ論争」を経て、２００４年に女子生徒が公立学校でスカーフ（ヒジャブ）を着用することを禁止した。２０１１年にはその範囲を広げ、公共の場で顔を覆うものを着用することが禁じられた。さらに２０２３年9月24日、フランス政府は２０２４年のパリ大会で自国の女性アスリートがヒジャブを着用することを禁止すると発表した。国連人権高等弁務官事務所はフランス政府の発表を女性差別にあたるとして批判したが、フランスは依然として、ムスリム女性に信仰とスポーツを両立させない方針を取り下げてはいない。

　長年、「安全上の理由」から禁止されてきたヒジャブ着用であったが、国際サッカー連盟（ＦＩＦＡ）は２０１４年から、国際バスケットボール連盟（ＦＩＢＡ）は２０１７年から、着用を認めるようになり、それ以降、国際大会でヒジャブを身に着けた女性アスリートを見る機会は多くなった。多様な価値観や文化を包摂していこうとする潮流はスポーツの世界においても珍しくはなくなった。しかしその潮流に逆行しているフランスが、２０２４年大会のホスト国になっている事態に、ＩＯＣは今後どのような対応をしていくのか、注目する必要がある。

　もっとも、フランスのヒジャブ着用をめぐるこの問題を、国連が指摘する「女性差別」という視点から批判するだけでは十分ではない。ジョーン・Ｗ・スコットは、フランスがムスリム女性にスカーフ／ヒジャブ着用を禁止する理由について以下のように指摘する。

> （ヴェールは）フランスの慣習と法律に反すると考えられた。なぜならヴェールによって政教分離は侵犯され、一にして不可分の国家《ネイション》の市民の中に差異があることが主張されて、平等の保証された共和国に女性の従属化が持

ち込まれるからだった。

『ヴェールの政治学』（みすず書房、2012年：8頁）

つまり、スコットによれば、フランスでスカーフ／ヒジャブを着用することは、世俗化した民主主義フランス、政教分離した近代国家フランスに「たてつく者」の象徴として映るという。その一方でフランスは、（スカーフ着用に対する）ムスリム女性の自己選択の声を無視したまま、彼女たちをイスラム社会における家父長制の「被害者」にも仕立て上げた。そうすることでフランスは、「野蛮な」イスラム社会から女性を救う、いわば「女性の人権」を守る民主主義国家フランスとしての体裁を保つことができるのだ。マリアンヌのモチーフがパリ大会のエンブレムやマスコットに使用され、ムスリム女性のヒジャブ着用が禁止される背景には、イスラム嫌悪に基づくフランスのナショナル・アイデンティティの誇示があると解釈できる。

「ジェンダー平等」をこえて

IOCは2024年3月8日の国際女性デーに先駆けて、パリ大会の選手の出場枠がオリンピック史上初めて男女均等（50：50）になると発表した。またパリ大会では、マラソンが女子種目として解禁された1984年以来、初めて男子の翌日に実施されることとなり、オリンピックを締めくくる注目の「とり」を、女子選手たちが務めることになる。

近年IOCは、男女混合種目を増やしたり、開会式の旗手を男女で共に掲げるよう呼びかけるなど、「ジェンダー平等」を意識した取り組みのアピールに余念がない。その一方で、トランスジェンダー選手の出場条件を各競技団体の判断に委ね、性別二項対立で成り立つオリンピックの構造自体を変革するような動きをIOCから見て取ることはできない。「スポーツをすることは人権の一つである」とし、いかなる差別も許さないと謳うIOCが、フランスのヒジャブ着用禁止を看過するのであれば、IOCが行っている「ジェンダー平等」の取り組みは単なる茶番であり、ジェンダーウォッシュ（Gender Washing）に加担していると批判されても致し方ないだろう。

歴史的にオリンピックは、女性を排除したところから始まり、出場を認めても女性のスポーツする機会は制限され周縁化されてきた。したがって、現在ＩＯＣが喧伝している「ジェンダー平等」の取り組みは、自らが行ってきたことの後始末―自作自演―である、と言ったら言いすぎだろうか。一方、選手の立場からするとオリンピックは、「女性」であることの証明を強制される歴史でもあった。性染色体やホルモン値を根拠に性を決定する線引など困難であるにも関わらず、今でもＤＳＤやトランスジェンダーの選手をめぐってその強制は続いている。

２０２１年２月の森発言騒動によって日本で大衆化した「ジェンダー平等」の言葉であるが、スポーツ分野では未だジェンダーに関する議論が不十分であるとの認識に基づき、今号でジェンダーが特集されることとなった。ヒジャブ問題のように「女性の人権」を盾にイスラム嫌悪が強化されているように、複雑な交差性や暴力性をはらんだ事象は、ＩＯＣが牽引する「ジェンダー平等」という単純な視点では、取りこぼし隠蔽されてしまう問題をすでに多くはらんでいる。「ジェンダー平等」がますます耳目を集め、その取り組みが可視化されるがゆえに、複雑に構造化されたジェンダーの問題はよりいっそう見えにくくなっていくという皮肉。絡まりあった事象を一つひとつ紐解くための批評の力が、今も、これからも必要とされている。

（城西大学）

座談会

スポーツにおけるジェンダーと男性性

【出席者】
清田隆之　文筆家・桃山商事代表
稲葉佳奈子　成蹊大学
山口理恵子　城西大学、司会

2024年2月22日
zoomにて開催

スポーツにおける男性性

山口　昨今では、スポーツとジェンダーに関わるテーマについて、あまり良いニュースが聞こえてこない一方、海外の女子サッカーのムーブメントは大きな話題になっています。また、トランスジェンダーアスリートへの差別も大きな問題となっています。本日はスポーツにおける「男性性とジェンダー」というテーマでお話をさせていただければと思っています。「なぜ、男性性なのか?」ですが、近代スポーツは男性性の理想を実現・体現する手段として選ばれてきたため、スポーツと男性性には親和性が高いと考えられてきました。しかし、そのことについての議論はいまだ不十分だと感じています。稲葉さんは研究者であり大学で体育の授業も担当されていらっしゃいますし、清田さんはスポーツのことについても執筆されていますので、今日はそれぞれご自身の経験を含めながらお話をいただけたらと思っています。清田さんはサッカー部に所属されていたとお聞きしていますが、ご経験のなかでジェンダーについて感じたことがあればお話しいただけますでしょうか。

清田　小学3年生のときに地元のサッカー少年団に入りましたが、中高一貫の男子校でもサッカー部に入っていたので、中学のときは、学校のサッカー部と地域のサッカークラブの両方に入っていました。大人になってからは草サッカーチームに所属して、今でも趣味でサッカーを続けています。海外サッカーを見るのも好きですし、ライターとして駆け出しの頃は、サッカーにまつわる記事や企画に参加させてもらって、取材もしていました。ジェンダーについてですが、大学生のときに友達と一緒に女友達の恋バナを聞くというサークル活動を始めて、そこから今でもやっているのが、「桃山商事」という名前でやっているユニット活動のようなものです。そこで男性の困った言動や、モラハラ・セクハラ、ときには性暴力のような話を聞きました。あるいは、家事をしない、育児しない、など本当に様々な話を聞く中で、似たようなエピソードがたくさん生まれてくる背景には共通の社会的な要因があって、そういうのをジェンダーと言うのかという感じで、関心領域がジェンダーに広がっていった、繋がっていったような感じです。それまでは「ジェンダー」の「ジェ」の字も意識せずに生きてきた感じでした。ですから、サッカーをジェンダーや男性性に結びつけて考えたことはなかったですが、振り返ると、ありとあらゆるところに〝染み込んでいた〟という感じがします。合宿で山の上を走らされ、すごく喉が渇いたのですが、「水を飲むな」と言われているので、山道の脇にある溝に溜まった水を飲んだりしました。群馬県の尾瀬に合宿に行ったのですが、罰ゲームで川の急な流れのところに突き落とされたり、合宿所で寝ているときに素っ裸にされて全身を油性マジックで落書きされたりしました。コーチや監督といった大人たちにもそういうことをされていました。高校生になるとヤンキーっぽい先輩もいたので、酒を飲まされたり、週末にカラオケに連れていかれて一気飲みさせられたりという、いわゆる縦社会的な感じもたくさん体験しました。今思えば、男社会の空気の中で起きていたことだったなと感じますし、体育会系のホモソーシャルな空気感はチーム内にすごくあるので、みんなで飲みに行ったりすると、すぐにキャバクラや風俗などの話で盛り上がる感じがあります。そのときは全然意識していなかったけれど、ジェンダーという視点を知るようになって振り返ると、そういう世界の中にいたなという感じですね。

山口　そういった空気感はクラブや部活のチームの中で濃くなるのでしょうか。あるいは男子校全体がそんな雰囲気なのでしょうか。

清田　どうなんですかね。日大豊山という高校に行っていたのですが、水泳や卓球が有名で、野球も甲子園に行ったことあるぐらいの体育会系の学校です。今はどうだかわからないですが、私が行っていた頃は体育教師が怖くて、「管理教育」という感じでした。そういう中で「従っちゃった方が楽」みたいな感じが学校の中にあって、「上意下達」のマインドを育てるような教育・校風がありました。とりわけ体育会系の学校だったのでそれが強かったのかもしれないけれど、「すごいやつが偉い」、「強いやつが偉い」みたいな感じはすごくありましたね。いろいろな運動部で「あいつはジュニアオリンピックに出た」、「インターハイに出た」という実績が、ある種の序列に影響する空気が強かった。他の学校のことは全然わからないので、あくまで個人的な体感でしかないですが、そんなことは感じました。振り返ると、非常にホモソーシャルな風潮の強い環境だったなと思います。

山口　ありがとうございます。「上意下達」や「強いやつが優位」というのはスポーツの世界でも似たようなところがありますよね。それによって作られていく構造があるような気がして、それに今はお気づきになっているということですが、未だにそういう状況があると思うんですね。大学生の性的暴行事件であるとか、先日清田さんもお書きになっていたプロ野球選手のパワハラ問題もありました。清田さんのご経験を聞かせていただきましたが、スポーツの世界で起こる問題とそれらに似ているところがあると感じますか。

清田　共同通信で「男性間で発生する暴力と認識されづらい暴力」というテーマでコラム連載をしていまして、先日そこでスポーツ選手のパワハラ問題を取り上げました。殴る蹴るというよりは、「罰ゲームな！」と言ってお尻を蹴ったり、遊びの延長線みたいなノリで、体育館のマットでグルグル巻きにしてみんなで笑ったり、運動神経が悪い人に変なあだ名をつけて笑いものにしたりする。やっている側も冗談みたいなノリで、やられている側も、本当は嫌だけど嫌だと言いづらくて笑って流す、あるいは過剰適応して周りを笑わせるみたいなことがある。そういう男性間で発生するハラスメントや、暴力と認識されづらいコミュニケーションの在りよう、その中で生じている傷つき体験みたいなことについて、様々な事例を通じて考察しています。そこには部活でのこと、スポーツに関係しているエピソードが本当にいっぱい出てきます。先輩が後輩に「遅刻したら罰金だ」とか「一気飲みしろ」とか、飲み会に行けば、「隣の席の女の子たちナンパしてこい」とか、全裸になれとか言う。先輩からしたら、遊びとかノリ、じゃれ合いみたいな感覚なのかもしれないけれど、後輩にしてみればものすごい圧力で、断れない。気に入られないとコミュニティの中で生きづらくなる、しごかれるかもしれない、試合に出れないかもしれないという中で、受け入れざるを得ない。そういうのが臨界点を超えたときに、「やっぱりあれはハラスメントだよね」と、いわゆる組織を管理している側の人に告発があり、昔だったら何の問題にもされてなかったけれど、今は明るみになったらチーム・組織の問題になるので先輩が処分されるみたいな構造ではないかと個人的には見ています。先輩たちは、「自分もそうされてきたから」という軽い動機でやっているかもしれない。だけど、受け取る側は、その先輩たちの動機の軽さに比べて相当重く受け止めている。先日のプロ野球選手の問題はその落差が生んだ出来事だったと見ていますが、実際のところはわかりません。しごくことで快感を覚える人や、自分のパワーを見せつけたくて仕方ないタイプの人、嫌がる・怖がる後輩を見て喜びを感じる人もいると思います。度が過ぎてるタイプの人もいるとは思いますが、男社会の風習や圧力によって発生している側面もかなり大きいだろうなと。その人の個人的な特性という面と、そういう風潮や圧力が発生しやすい構造的な面という2つの側面があると思いますが、自分にとってもすごく既視感あるものだし、多くのエピソードを眺めていると共通の構造があると感じざるを得ません。

山口　稲葉さんはここまでの話で何か感じることがありますか。

稲葉　ふざけの延長で、暴力とまではいかない、境界が曖昧で小さな嫌がらせともふざけともとれるし、一個一個はバラバラの場面で起きるので、当事者たちもそれぞれが繋がっているとは全然思っていないけれど、トータルで見ると、「丁寧に扱わない」。今、「ケア」ということが言われるようになって、その対極に自分の体やメンタルを雑に扱うみたいなことがあると思いますが、その延長で相手に対しても雑に扱う。いじり合い、いたずらし合い、ふざけ合いみたいなことが、ときに過剰になってしまう。悪気がないとわかってはいるけれど傷ついてしまうみたいなことが、その中で発生することはあるのかなと思いました。それ自体は体育会でなくても、男子校やクラスの男子のグループの中でもありうることだと思うんですけど、体育会だと普段の活動はスポーツをすることなので、そういう中では体同士が近いし、それ以外の男子の集団、対極に置かれがちな文化部みたいなところの活動と比べると、自由に体が動きやすいというか、ふざけやすい環境があって、そういうことが起きやすいシチュエーションがあると思うんですよね。ふざけ半分で尻を蹴るだとか、そういうのが練習の場などで出やすいということはあるのかなと思いながら、お話を伺っていました。

清田　取材で聞き集めた傷つき体験のエピソードのリストがあるのですが、野球部、剣道部、ラグビー部、サッカー部、体育の授業中…と、スポーツを巡るエピソードがたくさん出てくるんですよね。

競技スポーツにおける「勝った奴が偉い」

山口　大学で、「ジェンダー」について考える教職科目を担当しているのですが、、学校生活で嫌だったことを聞くと、男子学生たちから、「更衣室が用意されずにその場で着替えるのが習慣になっていて、実はそれが嫌だった」という声を毎年聞くんですね。女子は違う教室など着替える場所をあてがわれるけれど、男子はその場で着替えても大丈夫、男子は性にオープンである、というメッセージがある。振り返ってみると、ジェンダーに関連してあればすごく嫌だったという経験を語る学生たちが多くいるわけです。ジェンダーの話題では、これまで女性が直面している問題を扱うことが多かったのですが、清田さんがまとめられた傷つき体験は、まさに男性の中のジェンダーの問題とすごく近くにある。こういった環境を打破していくための打開策はどのようなものだと思いますか。

清田　打開策…うーん、難しい問題ですよね。馬鹿にされたり、笑われたり、ダサいと思われたり、あるいは先輩に従わなかったらこのコミュニティで生きていけない、劣位に置かれるという問題があり、コミュニティ内での狭い人間関係が絶対化しちゃってるところがあると思うんです。「付き合わなきゃいいじゃん」「行かなきゃいいじゃん」「逃げりゃいいじゃん」などとは簡単に言えない背景がある。部活であれば、かなりの時間をかけて一生懸命練習して、試合に出たい、上達したい、上を目指したいという思いでやっているので、その環境から離脱するのは相当難しいことだろうと思います。本当はやっている人がやらなくなればいいというシンプルな話ですが、やる人もやられてきたという、再生産みたいな部分があるかもしれない。「仲良くなるためにやっていることだろう」「男子の乱暴なじゃれ合いなんてむしろ微笑ましい」みたいな感じで社会的にも容認されてしまっている感じもするので、やる側は重大性に気づかないこともあると思います。しかもスポーツの世界では、結局は実力がある、実績がある方が正解となってしまう。上手い人や試合に出ている先輩やコーチから実績を盾に「こんなのにも耐えられないからお前は試合出れないんだよ」みたいなこと言われると、よくわからないけれど、それが正当性を持って響いてしまうというところもあると思うんですよね。すると、「そうか、こういうのはメンタルを鍛えることにもなるのか」という謎の理屈で耐えようとしてしまうこともあると思います。個々人が、人権意識を勉強して、他人の体に勝手に触っちゃいけない、これは暴力だということを知って、やらなくなれば一番いいですし、やられてしまう側も、これは人権侵害で暴力を受けてるんだから「やめて」と言ってもいいんだと思えればいいかもしれない。社会の秩序としても、「告発されたら甲子園に出れなくなるぞ」というような抑止力は働いてるとは思うんですが、それ以前に、そもそも駄目なんだということが、社会的にも個人的にも広がっていけばいいと思います。でも、スポーツの世界は、人権を無視した方が実績に繋がってしまうみたいな変な側面もあるじゃないですか。科学的なトレーニングが浸透してきて、それも変わってきているとは思うのですが、それでもやればやっただけ実力が上がるとか、耐えれば耐えただけ強くなるみたいな側面もなくはないと思いますし、それによって実績を盾にされると、「ぐうの音も出ない」みたいな空気がある。「別に優しい空気で生ぬるくやるのもいいけど、それだとお前ら勝てないよ」みたいなことを言われたら、何も反論できないみたいなこともあるのかなと思うと、一筋縄ではいかない気がするんですよね。

山口　２０２３年の夏の甲子園は、部員が坊主頭ではなく、練習時間も短時間で、みんなが楽しく、「エンジョイベースボール」をモットーにした学校が優勝をしたというのは、新しい兆しなのかなと思います。以前に全日本野球協会の理事の方から野球をやる男子の人口が減ってるということを伺って、いわゆる今までの伝統的なしごきみたいなものに対して、若い世代がノーと言い始めている兆候でもあるのかなと。

清田　お二人はこういう問題がどうやったら止むというか、どこから手をつけたらいいと思われますか。

稲葉　「エンジョイベースボール」に関して言えば、結局は「勝ったから」というのがあると思います。「これはおかしいんじゃないか」「今までのこういうことはこういうふうに変えた方がいいんじゃないか」みたいな考えは、おそらく内部ではあるけれど、全てが「そういうことは勝ってから言え」みたいな話になってしまう。ある新聞記事の中で、「今までもおかしいと思っていたけれども、自分自身が結果を出していないと思って言えなかった」という女子サッカーの選手の発言があって、「それはあるよなあ」と私も思ってたのですが、そういうことが往々にしてあるから、余計に難しいですね。その価値観を自分自身が内面化してしまっているから、口をふさがれるというよりも、自分自身が「こういうことは自分が勝ってからじゃないと」みたいになってしまう。あとは、新しいやり方、科学的なトレーニングを取り入れて、「今までの昭和の根性野球みたいのは駄目だ」みたいな流れが出てきたとしても、「何の根拠もなくうさぎ跳びをやらせて水を飲ませないのは人権侵害だ」という発想ではなくて、「なんか昭和のやり方だせえ」みたいな発想から、「もっと科学的なトレーニングを取り入れて合理的に結果に結びつけるべきだ」となって、表面上は新しくて、これまでとは違うみたいな感じに見えるところも結構あるのではないかと。いわゆる新しいやり方みたいなものが、今日のテーマでいうところのジェンダー間の変化とどう繋がるのか。ちょっと話がずれてしまうかもしれないけれど、すごくわかりやすい昭和的な有害な男らしさみたいなものが駄目だというのは何となく若い世代で共有されてきている。けれども、「昭和のおじさん的なああいう振る舞いは駄目だよね。でも俺はもうわかっている」みたいな、一歩先に進んだようでいて、振る舞いを見ているとまだまだ全然変わっていない。この言葉はあまり使いたくないけれど、いわゆる「有害な男らしさ」的なところがまだ残ってることはありうると思うんです。最初の話に戻ると、表面上やり方が変わったというのが、そこまでポジティブな出来事なのかどうかはまだわからないと思います。

山口　「ジェンダーレス」と言われているけれど、中身は全然変わってない人もいますよね。

清田　難しいですね。トレンドとしては、スパルタ指導から科学的指導、叱って育てるから褒めて伸ばす、管理から自主性・自由・尊重、根性論から合理性やデータ重視、人権、コンプライアンス重視、カリスマ指導者から専門分業化へみたいな記事は見るのですが、人権的な観点から見直してそうなったというより、「その方が勝てるから」というのがきっと強いですよね。そういうことで起きた変化なのに、何となくそれを「ハラスメントはみんなで撲滅しようとしてますよ」みたいなことで報じられると、時代は変わっているみたいに感じるというのは、少し怖いところではありますよね。

稲葉　合理的なやり方でバリバリやって高みを目指す若い起業家のイメージと重なってしまうんですよね。これまでずっと競技スポーツの話をしていると思いますが、結局は強度に違いはあっても、「チャンピオンを目指す」がどうしても動かない。体育の先生はみんなそこを通ってきているわけでしょう。自分が今まで生きてきた競技スポーツではない価値観で教育をしようと思う体育の先生もいると思うけれど、主流ではない。ジェンダーの視点による体育の授業の研究成果などを見ると、まだまだ自分の生きてきた競技スポーツの世界の価値観を割と無自覚、無批判に教育の場に持ち込んでいて、それがいわゆる男らしくない生徒に対するからかいみたいなところにも繋がってくという調査もあるので、競技スポーツの「勝った奴が偉い」「勝たないうちは発言権ない」みたいなことが変わるかというと、ちょっと難しい。

山口　競技スポーツへの重点の置かれ方が、あまりにも大き過ぎるというのは感じますね。スポーツの「遊び」的な要素よりもメディアに注目され、莫大な金につながるスポーツを大きな主語で語ってしまいがちです。他のスポーツのあり方や価値観みたいなものをあまりにも知らなすぎるのかもしれないですね。

稲葉　「よわいはつよいプロジェクト」という3年ぐらい前にラグビーのトップアスリートなどが中心になって立ち上げたプロジェクトだと思いますが、すごい画期的だなと思ったんですよね。「自分の弱さに目を向けよう」、「本当は苦しいということを表に出していいんだよ」ということを、男性の、しかもすごく男らしいスポーツであるラグビーのアスリートが言う。ただ、プロジェクトのウェブサイトを読んでみると、一応メインのメッセージとしてはそうなんだけれど、なぜそれが必要なのかという話になったときに、自分の弱さを見つめていった方が、最終的にはアスリートとしてより強くなる。弱さを見つめることで強くなるみたいなことが、アスリートとしての達成、成功というストーリーになっていたんですよね。アスリートがやるプロジェクトだからそう言わざるを得ないじゃないですか。「弱いままで別に負けたっていいんだよ」というメッセージでは広がっていかないから、アスリートとして活動していくために、まずは自分の弱さを見つめようみたいな話になっていかざるを得ない。もちろんすごく意義はあると思うけれど、そこは競技スポーツのアスリートがやるプロジェクトの枠組みの限界なのかなと思いました。はじめの一歩としてはすごくいい事だと思っているんですよね。

根が深いスポーツ競技団体の問題

山口　3年前の2月（座談会は2024年2月に実施）、東京2020オリンピック・パラリンピック大会組織委員会の会長だった森喜朗の「女性がたくさん入っている理事会の会議は時間がかかります」という発言が、大きく報じられていた時期だったと記憶しているのですが、清田さんはあの騒動をどう見ていらっしゃいましたか。

清田　当時もメディアでコメントを求められる機会が何度かあったのですが、あの人は何を言ってもきっと変わらないだろうなという諦めも含めて、「また言ってるよ」という感じではありました。ただ、ああいう立場の人がそういうことを言って、今までだったら「森節だね」みたいに済まされていたことが、社会的に問題視されて、立場を追われることになった。ああいうことがきちんと実例として残ったっていうのは大きかったと思います。当時は周囲で笑い声を上げてしまった人たちのことがすごく気になって、そこにフォーカスした原稿も書きました。会議の中で森喜朗がそういう発言をしたときに、笑い声が起きたという報道があったと思うのですが、本人はリップサービスか笑いを取るための軽いノリで言ってるんだと思いますが、とんでもないことを言っても、「いやちょっとおかしいですよね」とは誰も言えなくて、「ハハハ…」みたいな感じで笑ってしまう。笑い声を上げることが賛同や肯定を表しているわけではないにせよ、オーディエンスにおける「傍観的態度」というか、ピラミッド構造の中で上の人が何か言ったときに、周りは疑問を持ったとしても意見表明できない。笑って受け流すくらいしかできない。それはすごく既視感がある光景だと思うので、そういう態度をとってしまうことは誰しもあるんじゃないかと思いますし、「自分だって全然ありうるぞ」とも感じました。例えば今、お世話になってる先輩とか、出版社のお偉いさんとの集まりがあって、そこでそんな発言を聞いたとして、自分も乾いた笑いを漏らすぐらいしかできないかも、みたいな。はたして「その発言はおかしいですよ」と言えるだろうか…と思いました。例えば昔は、日本サッカー協会というのは「全国のサッカーを取りまとめているところ」くらいのイメージしかなかったのですが、競技団体というのはバリバリの体育会系で、学閥があって、そこでおじさんたちが覇権争いして、利権を握っている…そんなピラミッド型の体育会系組織だということを大人になって知りました。森喜朗はそちらの世界の人から見

清田隆之氏

ると、すごく懐の深い、義理に厚い、いろいろよくしてくれる頼りになる大物政治家に見えるでしょうし、その世界では女性蔑視的な価値観が大して問題視されずに、そういう空気の中でずっとやってきたのだと思います。そこに突然社会の目が入ってきて、「何がまずいかよくわからないけど、世間が騒いでるから一応辞任しとくか」みたいな感じだったんだろうなと。今なおそういう組織によって体育やスポーツが成り立っているのかと思うと、根が深すぎて恐ろしいなって感じます。

山口　稲葉さんは今清田さんがおっしゃったスポーツの組織についてどう思われますか。

稲葉　おっしゃる通りだと思います。授業でホモソーシャルの文脈で森発言を取り上げるのですが、あの発言自体もたしかに問題なんだけど、学生には「周りで笑っていた男性たちに目を向けて」と言うんです。あれこそがまさにあの場の問題性の真骨頂ではないかと。森さんは「いけないこと言っちゃったけど、すごい懐が深くて面倒見がいい」ということで基本的には好かれているように見えるんですよね。人間的に魅力がある人みたいな感じで思われているし、「今回のあれはちょっとね」ぐらいにしか思われていなくて、「言っちゃいけないとこで言っちゃったよね」ぐらいの感じ。だから、何が問題なのかわかっていないけれども、騒がれてしまったから動かざるを得なかったと考えている人の方が、オリパラの組織だけではなくてスポーツ関係の組織全体で見ても多いんじゃないかという印象をもっています。似たような論理で動いてるところはあるだろうし、「根が深い」というのは本当にそうなんですよね。組織の中で女性を増やそうとなっていて、それによって中長期的に組織の性格が変わっていくかもしれないという希望はあるけれども、あの話で言えば、「わきまえている」と思われた人が最初に仲間に入れてもらえるというところから始まる組織も少なくないでしょうから、先は長いという感じはしますね。

山口　私はスポーツの世界にいる人とそうではない人との間で、あの発言に対する温度感の差がすごく大きかったなと感じました。あのコロナの時期でも「東京２０２０オリパラをやるんだ」と動いていたような人たちは、「言っちゃったね」と軽く受け流している様子でしたが、スポーツとは普段、あまり関わりのない人たちが、が「あれは問題だ」と言い切った。これは象徴的でしたし、みんながパンデミックの最中にオリンピックやパラリンピックを開催することに注目しているんだということを感じました。あの発言によって、皮肉にも「ジェンダー平等」という言葉が流行語になったというのも、時代の流れを感じました。それこそ20年前はジェンダーフリーバッシングの勢いが激しく、「ジェンダー」という言葉すら使用しづらかった。しかしよかったのか悪かったのか、あの騒動によって「ジェンダー平等」という言葉がその年の流行語に選ばれるほど注目された。同時に、いろいろな協会の理事などをやらせていただくなかで、「女性役員を増やしましょう」という動きが高まってはいても、森さんは「女は喋ると長くなる」と言いましたが、現実の問題としては、「女を入れても喋らない」というクレームが出てきたり、「女ばかり下駄履かせている」ということを言われたりする。スポーツ組織では女性の登用の意義が十分に理解されないまま事が進んでしまっているように感じます。中央競技団体などでは、優秀な女性たちが「事務局」で働いているいっぽうで、役員やそのトップに就いているのは男性がほとんどです。スポーツの「実力主義」のようなものが組織のあり方に反映しているかのようです。こういったことも踏まえて、今後の日本のスポーツ組織のありようについてお考えをお聞かせください。

清田　スポーツ競技団体の会長っておじさんばかりですよね（笑）。

山口　もちろん組織が大きくなればなるほど、不祥事などがあったときに責任を問われるので、すごく難しい立場だとは思います。

清田　それはそうですよね。野球は縦社会、伝統的な社会で、サッカーはチャラチャラした人がやるみたいなイメージを昔は持たれていたので、あまり体育会系みたいなものと結びついていなかったですが、「サッカーの世界もバリバリの体育会系じゃん」みたいな（笑）。一方で、海外で活躍する選手もたくさん出てきたし、実際にレベルも上がっていると思うので、そのあたりがわからないんですよね。組織の上に方にいるおじさんたちが遅れていると、全体が停滞するというイメージがあるけれど、海外で活躍する選手がたくさん出てきた。もちろん成果主義みたいな視点の話で、何をもって「良くなっている」と言っていいのかはわからないですが。サッカーの日本代表はヨーロッパのトップリーグで活躍している選手ばかりで、そうするとサッカー協会のあり方が正しいというエビデンスに利用されるみたいな。実態をまったく知らないのでイメージで喋っているだけですが…。だけど、もっと風通しのいいフレッシュな組織になって、いい感じに変わっていると体感したい思いはあります。

稲葉　世代論に寄せすぎたくはないけれど、おそらく全体的にスマートになってきているのだろうとは思うんですよね。それこそ海外で生活したり、海外のチームで外国のいろいろな価値観に触れたりすることで、これまでの日本のスポーツのあり方を相対化する視点を持つようになるでしょうから、その影響は絶対あると思うんですよね。だからどんどん海外に出られる環境というのは、結果的には何かを変える力になるとは思います。また、学校部活動中心の種目と、学校外の環境が主流の選択肢としてある種目とでは変わってくるのかなと思います。グローバルスタンダードな観点から組織運営をするか、すごく内向きで、学閥で動いてるだけの組織なのか、今はいろいろな組織があると思うんですよね。学校部活動が主な選手育成の場で、それまでの先輩後輩の関係が40代、50代になっても引き継がれていくような組織は今もあるでしょうから、そうなると部活ノリがいつまでも繋がっていく。部活では男性は男性だけで物事を動かしてきてたわけだから、その方が絶対やりやすいというところも関係してるかなと。だからサッカーの場合、クラブチームと部活動の両方のルートがあるし、それは女性の場合もそうで、この20、30年でいろいろなことが整備されて、野球と比較してチャラチャラしているというイメージも変わってきているところがあるのかなと。良くも悪くも、きちんと整備されてしまったことによって失われたものもあるでしょうし…。まとまりがないですが。

山口　日本代表だった女子サッカーの元選手が、先輩―後輩という力関係がある部活動ではなく、クラブチームでサッカーができたのはよかった、と言っていたのを思い出しました。サッカーは、FIFAやUEFAなどのジェンダー平等の取り組みが盛んでスピード感もあり、日本はその流れに追随せざるを得ない状況があるように感じます。いっぽう、野球は、先ほどもお話した通り、男子の選手人口が減っていて、それゆえに女子野球を応援する動きが高まっています。巨人や阪神といったプロ野球チームが女子チームを持つようになった背景にも、男子の野球人口減というのが影響しているようです。野球の歴史を振り返ると、女子野球は承認と排除の繰り返しでした。現在は、イチロー選手が女子高校生の野球イベントを開催するなど、応援ムードは高まっていますが、男子とは「別枠」として／だから応援してもらえている、という状況もあるようです。また「別枠」ゆえに、髪型やスポンサーのルール等の自由度が許容されており、男子選手から羨む声も聞こえてくるそうです。ただ女子が野球を楽しめる環境が当たり前になっていくべきだと思いますし、「別枠」だから許容される環境は、ジェンダー平等ではないと思います。女子野球の勢いが増すにつれ、歴史がそうであったように、押さえつける力にも注意深くいる必要があると思います。

ファンカルチャー、ファンダムにおける男性性

稲葉　プレイヤー集団としてのいわゆる体育会系だけではなくて、スポーツ文化全体で見たときに、ファンカルチャー、ファンダムにおける男性性、男性優位の方が最後まで残るかもしれないとも思っているんです。ファンたちの方が、最後まで「男らしさの理想化であるところのスポーツ」という物語を求めることがありうるかなと。『サッカーの誌学と政治学』という本の中に収められた清水諭先生の浦和レッズのサポーター研究を久しぶりに読み返したのですが、20年近く前だけれどもJリーグのサポーターの人たちへのインタビューで、「サッカーというのは男がやるスポーツで、男からの応援の方が選手たちには通じる。選手たちも一番力を発揮できるんだ」、「男が男に対して男の言語で応援をする」ということを言っているんですね。改めてこんな考え方してたんだとびっくりしたけれど、そこまでではないにしても、今でもまだ似たような部分が残ってると思うんですよね。テレビで日本代表の試合を見ていても説得力を持つのは男性の発言で、サッカー経験者ではない人が「今のプレーこうだったよね」と言ったとしても、男性の話であれば聞くに値するとされることはあるかなと思うんです。

山口　２０２３ＦＩＦＡ女子ワールドカップのときに、永里優季選手がサッカーに関する技術的なことをXでつぶやいたら、その投稿を見た人から「女子サッカー選手に言ってほしくない(略)。レベルの低い女子サッカーは何も言わないでほしい」という反応がありました。代表で活躍した彼女レベルの人ですらそういうことを言われてしまう。女子は選手であってもサッカーを語ることが許されないくらいマッチョな世界が広がっているのかと、そのときに改めて思いました。いま稲葉さんが紹介してくれた20年前とあまり変わってないですよね。

清田　熱烈なサポーターの友人もいますが、そういう人たちからは「そこで俺たちも戦っているんだ」という話を聞きます。90分間限界まで声を出す、それができるのかできないのかみたいなマッチョな世界で、そういうところでサポーターとして認められる

かどうかが評価され、そういう人たちがゴール裏に入る権利がある。その熱量が一つのサポーター文化として「俺たちは12番目の選手なんだ」みたいになることはあると思うんですよね。そういうマッチョなカルチャーを築いて、女、子ども、戦えない男を排除する。結果として、そういうものが熱量を生んで、チームの力になる瞬間もあるとは思うんですけど…。さきほどSNSの話がありましたが、SNSでは「男の領域では目が肥えてるのも男であるべきだ」、「女が入ってくるな」という排除という意味でのミソジニーみたいなものが発露しやすいというのもすごくわかります。でも今は分析的に見られる人がリスペクトされる空気もあると思うんです。そういう分析をするYoutuberもいっぱいいますし、民放では松木安太郎さんのように、「ゴール！」「勝て！」「今のファールだろう！」みたいに感情的で、大衆が共感できることを言ってくれる解説者が受ける状況もありますが、一方で戸田和幸さんや林陵平さんは戦況を逐一分析的に言語化していくんですよね。ヨーロッパのサッカーを見ていると、ディフェンスの選手が数メートル移動して相手の攻撃を未然に防いだ、というようなプレーに拍手が起きる光景がよくあって、ファンの目が肥えているなと思うんですよね。ゴールしたとかドリブルで抜いたみたいな派手なプレーだけではなくて、ある選手が3m右に動いたから相手は攻撃をやり直さざるを得なくなったとか、そういうところまでちゃんとわかっている。日本もファンの目が肥えていって、そうなっていっていると思うんですよ。相手はこういう戦術で、後半からやり方をこう変えてきたから流れが変わったみたいなことを、戸田さんや林さんはすごく巧みに言語化して伝えてくれる。最近だと影山優佳さんも人気ですよね。日向坂46の元メンバーなのですが、サッカーを見る目がとても肥えていて、分析的に見ることができるということから選手からも一目置かれている。みんながスポーツに対する解像度が上がっていき、ゴールとかドリブルのような派手なところだけではなくて、気の利いたパスやディフェンスの仕方といった、あらゆるところに魅力を見出せるようになって、それぞれの視点で楽しめるようになったら一番いいなと思います。でも、まだ男たちの世界に女性が入ってくるときに、「ただアイドルとしてちやほやされてるのではなくて、陰で努力してるし、出しゃばらないから影山さんはOK」みたいな需要の仕方に男社会っぽいものを感じます。ゴール裏に入ることを許されるのは男と同じように戦える女だけみたいなものがあるかもしれないし、分析的にサッカーを見られるのは、俺たちが認める努力をしている女か、俺たちの脅威にならない女かみたいな。結局、ジャッジして認めるかどうかを判断するのは俺たち、みたいな感じの構図は変わっていない。…って、あくまで個人的な印象論でしかないのですが。

稲葉　「俺たち」の中でも、いかに他より気の利いたことを言うか、鋭いことを言うかということが暗黙の内にあるんだろうなと思いますね。

清田　ホモソーシャルな圧力はそこでも発生しますよね。ファンの中でも、「あいつは90分声出し続けてヤバい奴だ」みたいに認める風潮もあると思いますし、どれだけ海外のサッカーを見て勉強してコメントしてるかとか、結局は量で判断して認めるみたいな非常に男っぽい何かを感じ…なんかちょっと嫌だなって（笑）。

山口　一方で、フィギュアスケートでは女性のファンが多くて、それに対しては「おばさん主婦の追っかけだ」と揶揄した感じで伝えるメディアもありました。

清田　「どうせアイドル的に消費してるだけだろう」みたいなのは昔からあるじゃないですか。Jリーグができた当初は女の人たちもたくさんスタジアムにいて、アイドル的な人気があったことも確かだとは思いますが、当然ながらいろんなファンがいるはずですよね。例えばお笑いの世界なんかにも、「本当に笑いを分かっているのは男のファンで、女のファンはアイドル的にキャッキャ言ってるだけだろう」みたいな偏見がありますが、そういうものとも近しい空気を感じます。

山口　まだ、スポーツをエンジョイするという点においてもジェンダー平等ではないと感じます。

「自分の体をケアする」こととスポーツ

清田　「うまくなれ」「強くなれ」「速くなれ」みたいな世界の中で運動嫌いになってしまったけれど、大人になってから誰からも比べられることなく、ただ走ったり踊ったりジムに行ったりするのは楽しいということはあると思うんです。競争ではないかたちで運動と出会えていれば、スポーツ嫌いになることはなかった人がいっぱいいると思うんですよね。健康のためとか美容のためとか目的はいろいろあると思いますけど、競技や結果至上主義の世界とは全く違う文脈で、体を動かすことの楽しみが社会に広まって、運動を楽しむ機会も増えていると思いますが、お二人はどのように感じますか。

稲葉　私はこの先、競技志向の文脈と同じくらいの重みを持つような社会になってほしいなとは思っています。体育でいろいろ辛い思いをしてスポーツ嫌いになってしまったけれど、大人になって運動してみたら楽しかった、みたいなことはよく聞く話なので、そういうことが増えていけばいいと思いますね。

山口　「自分の体をケアする」、「自分の体と向き合う」、「自分の体を大事にする」という観点でスポーツが入ってくると全然違う人生になるんじゃないかと感じています。高齢者の方々の運動実践を見ているなかで、私の価値観が180度変わった経験があります。家族の介護が始まって、週に1時間だけ介護を忘れてみんなとソフトバレーボールを楽しんでいた人、仲間とお喋りがしたいから体操教室に来る人、そういう人たちから、スポーツの多様な価値を学ばせてもらいました。それから護身術を習ったときに、権力や暴力の「力」ではなくて、自分に「力」があると感じられた経験も、私の中では大きかったように感じています。護身術は、スポーツとは言わないかもしれないけれど、誰かと競ったり比べたりということではなく、自分に向き合う経験というのは、教育の中にもっと取り入れられたらいいなと感じています。

清田　今でもサッカーをやっていますが、週に一回のリフレッシュというか、心身の健康に欠かせない楽しみになっています。僕は体育会系の部活でバリバリやっていたわけではないですが、チームの中にはかつてプロを目指していた人もいます。彼らはすごく上手いけれど、「自分はプロになれなかった」という意識があるのかわからないですが、「今は全盛期の自分より落ちた自分の状態である」という感覚があるみたいです。僕はそれほど上手いプレイヤーでもないけれど、自分を極限まで追い込んだこともないので、ずっとゆるゆる楽しめる感じがあって。全盛期みたいなのも特にないので（笑）。ちゃらんぽらんでゆるゆるずっと楽しむのもいいなと最近は思っています。40代中盤まで体のことを考えたことが一度もなかったのですが、もっと草サッカーを楽しむためにここ数ヶ月パーソナルジムに行ってるんです。トレーナーもサッカー経験者なので「ちゃんと可動域を広げて体の芯を強くしたら、今まで培ってきた技術もちゃんと活きるから」みたいなこととか、基礎的なトレーニングの仕方を教えてくれて、実際にサッカーがすごくやりやすくなっている感じがあるんですよ。体の使い方と今までやってきたサッカーの技術が結びついて、どんどん趣味としてのサッカーを楽しめるようになるという循環ができて、今は楽しんでやれています。でも、子どもの世界に目を向けると、それが塾みたいになっているじゃないですか。走り方の塾、体幹を鍛える塾、瞬発力を鍛える塾みたいなものがある。サッカーでもスポーツ少年団みたいなところでやりつつ、蹴り方やドリブルを個人レッスンに通って研くみたいなこともあるみたいで。科学的なメソッドが成長や勝利を目指すための必修科目みたいになって、そうなるとお金と時間のある家の子が強くなるという格差社会みたいになっていくんじゃないかと危惧しています。サッカー選手としてトレーニング理論の発達の恩恵を受けられるのは嬉しい反面、自分の子供は4歳の双子なのですが、この人たちが小学生になったときに、走り方の塾に通うことがスタンダードになっているかもしれないことを思うと、ちょっと怖いなと。科学的なトレーニングが、かつての根性論の地位に座って、科学的な走り方ができないやつは負けていくみたいになっていくとなると、それはそれで恐ろしいなということも感じていて。これも今日話したかった話の一つです。こういう未来にはリアリティがありますかね。

稲葉　イメージを共有できると思います。体の動きや「今ここの筋肉使えてるかな」みたいなことは意識するけれど、多分それは冒頭で言った、自分の体を丁寧に扱う意味でのケアの範疇とは少し違う気がします。自分の体だけれどもモノとして考えて、「これをこう動かせばこうなる」みたいな。そういう感覚に繋がっていきそうだから、既存のやり方に対して「そんな遅れたやり方は駄目だ」ということで根性論に取って代わる未来は十分ありうるかなと思います。根性論と何が違うかというと、そこに乗れるか乗れないかのスタートラインが家庭の経済状況などに関わってくるのかもしれない。

山口　都会では、公園でもボールを蹴ってはいけないとか、「何々に使ってはいけない」「騒いではいけない」となって、公共のスペースをみんなが享受できない状況になっている。お金を払わなければ体を動かすことすらできないということになってくると、ますます清田さんが懸念されてるようなことが起こりうるのかなと感じます。

稲葉　ジェンダーに絡めて言うと、「男も女もマッチョになっていく」という価値観の世界でもあると思うんですよね。

山口　話も心配もつきないですが、時間になりました。引き続き考えていけたらと思います。清田さん、稲葉さんありがとうございました。

男性性をセクシュアリティから見つめ返す

―スポーツ／近代的男性性のクィア理論による再検討―

岡田　桂

1　スポーツと近代的な男性性の成立

(1) 男性性の身体化／セクシュアリティ化

本論では、男性性というジェンダー規範――特に近代のイギリスを中心として制度化され、後にアメリカを含めてグローバル化した文化であるスポーツやフィジカル・カルチャー（ボディビルやフィットネスの前身となる身体鍛錬）を通じて表象される男性性――を対象とした分析においては、従来の男性学的視点のみならず、ジェンダーとセクシュアリティを不可分のものとして扱うクィア理論による視座が有効となることを論証する。なぜならば、主にスポーツが担保してきた近代における男性性の理想像は、実際には「異性愛であること」というセクシュアリティ上の規範をも内包して成立し、また現代においてはその理想にとってタブーとされ続けてきた（男性）同性愛が徐々に受容されつつある――脱セクシュアリティ化の兆候――状況が生じ始めており、その分析にセクシュアリティの要素が不可欠となっているからである。

多くの研究が指摘するように、スポーツやフィジカル・

カルチャーは19世紀のイギリスにおいて、ダーウィンに代表される進化論や近代科学の進展によって人間の身体に対する再評価――人間も動物の一種である――が促され、遺伝的に優れた次世代の再生産という文脈から、身体の壮健さや健康、優良な資質というものを担保する手段として成立したとされる比較的新しい文化領域である。なおかつ、その身体的に優れた資質という価値観が、逞しさや強さ、大きさといった外見を通じて視覚的に表象される領域であることに加え、当初男性のみの実践を前提として発達したことから、スポーツを通じて生み出される男性性は徐々に規範化し、男性の理想像とみなされるようにもなった。なおかつこの時期、人間の身体に期待される要素として種の再生産――生殖――が前景化したことで、男性のみならず女性にとってもそのジェンダーの理想が〝異性愛化〟という意味でのセクシュアリティ化を遂げたことは重要である。

(2) マンリネスからマスキュリニティへ

クラウディア・ネルソンは、19世紀のイギリスで発刊された少年小説の内容分析を通じて、こうした男性性の変化を跡付けている。その論によれば、英語圏において「男性性」に対応する語は複数あるが、中でも最も一般的に通用しているものとしてマスキュリニティ（masculinity）とマンリネス（manliness）が挙げられる。両者は共に「男性性／男らしさ」と訳されるが、その概念は必ずしも同一ではない。それが19世紀後半を境にして、男性性の理想というものが精神的な徳に重きをおく伝統的なマンリネスという概念から、従来、自己抑制を欠いた訓化されない男性の動物的側面を暗示し、必ずしも好ましい意味ではなかったマスキュリニティという身体的・生物的な特質を重視するものへと変化していったという。ネルソンは、19世紀の少年小説は「少年」という男性ジェンダー化されたメディアというよりは、その内容から読み取られる教訓は少女にも応用可能な、むしろ両性的なメディアであったと指摘する（Nelson, 1989, pp.529-531）。以下、その論点に従って要約すれば、この頃の少年小説において、読者が身に付けるべきものとして描かれる主人公の美徳や善行といったものは、宗教的な価値観に裏打ちされた精神的なものであり、必ずしも活発な身体性を伴うものではなかった。むしろ、病気や怪我に苦しむ主人公がその強い信仰心や精神性によって困難を克服し、自らの生を全うしたり、他人への思いやりや繊細な共感力を有することこそが称賛されるべき男性の資質、即ちマンリネスと捉えられていた。当然ながら、こうした高潔な精神性は、時には少女にとっても持ち得る資質であり、そうした意味でこの時代のマンリネスの理想とは、男性のみの理想というよりも、〝人間らしさ〟(humanliness) とでもいうべき両性的な概念であったという (Nelson, 1989)。

ヴィクトリア朝を代表する学園小説であり、スポーツを男らしさのイメージと結びつけたことで有名な『トム・ブラウンの学校生活』(1857年) においてすら、著者のトマス・ヒューズはマンリネスに両性的な意味を持たせており、その主人公は物語を通じて、粗暴な男らしさではなく、下級生や友人を思いやることができ、時に涙を流すこともできるようなマンリネスの価値に気づく (Nelson, 1989, p.536)。しかし、19世紀も後半となると、近代化に伴うキリスト教的価値観の衰退や、人間も動物の一種であるというダーウィニズムのインパクトによる新しい人間観が社会に浸透し、しだいに男性の理想に内面よりも生物 (動物) としての側面、即ち身体が求められるようになっていく。近代的な国民国家における国民の再生産にとっては、生物学的に優れた男女の組み合わせが不可欠とみなされるようになり、この時期、人々の価値観は、精神的な徳や資質以上に身体の壮健さや健康さへと、その比重を移してゆくことになった。これは同時に、生物学上の雄／雌という区分をより明確化し、そこから演繹的に導き出される (とされる) 男らしさ／女らしさというジェンダー規範の強化にもつながったという。ネルソンは、1870年代以降が、こうした価値観の変化に伴って男性性の理想が伝統的なマンリネスから身体的なマスキュリニティへと変容していく契機であり、また、それが身体的な理想を含むものであったため、必然的に女性には共有され得ない単性的な概念になったことを指摘している。その言葉を借りれば「男性性は精神の状態というよりは筋肉の状態を指すようになり、その新たな反意語は〝女々しさ〟(effeminacy) であった」(Nelson, 1989, p.542) という。

また、『男性性 (マンリネス) と文明』においてアメリカの男性性を歴史的に考察したビーダーマンも、同じくマスキュリニティが比較的新しく一般化した概念であると述べ、以下のように指摘する。アメリカにおいても、伝統的な男性性の理想は長らくマンリネスであり、『マスキュリニティ』という名詞は1890年ごろやっと広く使われ始めたばかりで、しかも今日ではおおむね忘れ去られたような特殊な文脈でのみ使われた」(ビーダーマン、2004、89頁)。しかし、時代状況の変化に従って、それまで男らしさの要素として重視されていた自立や自己抑制といった内的側面は影を潜め、「ビクトリア時代後期には力強く大きなヘビー級ボクサーの身体が(ミドル級やウェルター級の身体よりも)男性性の典型と考えられ」(92頁)るようになり、男性の理想的体型は、引き締まった痩せ形から筋肉隆々の巨体へと変化した(99頁)。そして1930年頃までには「マスキュリニティ」が「男らしさ」を示す言葉として定着していったという。これは、男性性の理想がもはや内面的な資質ではなく、視覚的な逞しさ・大きさへとその比重を移したことを表しており、ネルソンによる分析にも妥当する。こうした事例は、男性性という概念の変化が英米両地域に共通するものであることを示しているといえる。

(3) 男性性のセクシュアリティ化

また、この時期、男性性は身体的(外見的)な側面としてのジェンダーだけでなく、セクシュアリティの面においても大きな変化を遂げることとなる。フーコーが『性の歴史』において提示した「同性愛者の種族化」という歴史モデル以降、19世紀から20世紀への転換期にかけて、それまで好ましくない行いとして忌避されながらも、その行為が必ずしも行為者のアイデンティティと同一化されることのなかった同性愛は、新たに「同性愛者(homosexual)」という病理学的にアイデンティティ化された一つの種族(カテゴリー)として問題化されるに至った、という理解が一般化した。医学的な専門用語としての〝ホモセクシュアル〟が英語圏に初めて登場したのは1892年とされており、それまでこの用語が存在しなかったということ自体が、同性愛/者という存在を固定的に問題化する意識がなかったことの証左の一つとされている。(1) そして、セクシュアリティという新たな発明は、当然ながらそれまでの男性性概念にも影響を与えることになる。ネルソンは、19世紀中葉に至るまでイギリスのパブリック・スクールなどで行われていた男子学生同士の性的行為は、買春やマスターベーションなどと同じく単なる悪癖と見なされており、抑制されない男性性の動物的な側面――つまりマスキュリニティ――が表出した好ましくない逸脱として理解されていたと指摘する。しかし、医学的な知識がセクシュアリティという概念を発見し、同性愛を病理的な状態とする考えが浸透するにつれ、同性同士の接触は禁忌となり、なおかつそれまで好ましいとされてきた（性を含めた）自己抑制や他人への優しさといったマンリネスの両性的な側面は、むしろ男性の女性化、あるいは生物学的に好ましくない弱さや退化を示す兆候として、男らしさの理想から退けられていくことになったと指摘する（Nelson, 1989, pp.540-543, 545-546）。

この時期に至って、男性性（マスキュリニティ）の理想は、壮健で筋肉的な身体的要素（身体の有り様としてのジェンダー）だけでなく、セクシュアリティの上でも明確に異性愛化された概念として成立してゆくこととなる。さらにいえば、マスキュリニティにとって女性性や女性的な要素が好ましくないものとして対置された結果、その理想から外れる同性愛男性は「女性化した男性」あるいは「男の身体に宿った女の魂」という性／ジェンダー的に転倒（inversion）した存在と見なされるようになっていったともいえよう。(2)

（4）近代スポーツ以降の男性性

こうした男性性のマンリネスからマスキュリニティへの変化、そしてセクシュアリティ化の時期は、まさに近代スポーツがイギリスで男性のみを前提としたエリート教育を通じて制度化され、近代社会の男性にとっての理想的な資質――リーダーシップや自己抑制、責任感およびその人格化としてのスポーツマンシップ――を具現化する手段として不可欠のものとなり、さらには植民地支配を通じてその価値観が世界化していく時期と軌を一にしている。スポーツ史の泰斗であるR・ホルトは、この時期のパブリック・スクールにおけるスポーツが好ましい男らしさを達成する上で中心的な役割を担っており、また、この「男らしさ」が、その身体的な定義（どのような外見が男らしいと見なされるか）および新たな道徳観を提示することによって、性的な要素を分離し得ていたと述べる。そして、「男らしさの新たな道徳観が効力を発揮してゆくまさにその時期、〝男らしさ〟の対極を成す存在の具現化として、同性愛者という像が定義された」のであり（Holt, 1991）、さらには

「唯美主義者と同性愛者が男性性のアンチテーゼであるが故に、男らしさとスポーツは互いに手を携えることとなった」（Townson, 1997）とも指摘されている。

つまり、スポーツを通じた男性性を分析対象とするということは、こうした近代における男性ジェンダーの理想という一つの極を基準としつつ、なおかつセクシュアリティとの関係からその理想像の変化を考察するということでもある。実際には、スポーツやフィジカル・カルチャーといった身体を後天的に鍛え、加工し直してゆくという新しい技術がこの時期に発達したことは、むしろ社会における身体へのまなざしの変化に対応したものであり、そうした意味で近代という時代の求めた身体の理想――それは同時に性の理想でもある――を実現するために要請された一つの必然であったともいえる。それ故、多くの研究が指摘してきたように、スポーツは軍隊と並んで近代以降最も男性的な制度となり、なおかつ同性愛嫌悪の苛烈な領域でありながらも同時に男性性の一つの理想的なイメージの供給源となり続けてきた。

その一方、性に関する強固な近代の価値観が、それが依拠してきた根本的原理でもある性別二元性を含めてゆらぎつつある現代においては、その多様化の流れにおいてスポーツが担保してきた男性性も変容を見せ始めている。特に２０００年代以降、現代のスポーツ世界の中心ともいえるアメリカにおいては、同性婚の法制化に象徴されるように性的マイノリティの権利拡張が進み、スポーツ界にとって長いタブーであった男性同性愛者のアスリートが、プロあるいはオリンピック・レベルの競技においても徐々に顕在化し、いまだ困難はありながらも受け入れられはじめている。これは、19世紀後半以降のスポーツ的男性性にとって、そしてまた近代の男性性規範にとって大きな変容が起きつつあるということでもある。こうした、現在の民主主義的な価値観を共有する社会における性のあり方の多様化とその受容という大きな変化の文脈を、その反映でもあるスポーツを通じた男性性の脱セクシュアリティ化から理解するためには、ジェンダーのみならずセクシュアリティをも分析の理論的基盤に含めた検討が不可欠といえる。

2　クィア理論による男性性分析の必要性

（1）男性学との相違から

ここで取り上げている身体化／セクシュアリティ化を遂げて以降の男性性、即ち近代スポーツを通じた男性性の分析においては、ジェンダーとセクシュアリティの関連を同時に、なおかつ不可分のものとして扱う必要があるが、その目的に最も資するのはE・K・セジウィックを中心としたクィア理論の枠組みといえる。なぜなら、クィア理論はその成り立ちからしてフェミニズムを中心とした男性優位という格差をめぐるジェンダー研究と、同性愛嫌悪に対抗するためのセクシュアリティ研究を架橋するという問題意識とともにあったのであり、それまで分離、あるいは混同される傾向にあった二つの研究領域を相互に関連する不可分のものとして理論化してきたためである。

これまでも、スポーツを通じた事例も含め、男性性に関する研究は幅広く行われており、その主要な領域は男性学として認識されている。そもそも男性学は、フェミニズムを中心としたジェンダー研究および女性ジェンダーに関する研究、あるいは女性学に呼応して1980年代以降に形成されてきた領域とされている。また、その対応関係からも明らかなように、基本的には男女というカテゴリーを前提とした広い意味での男性ジェンダー規範を対象としたジェンダー領域の研究分野といえる。男性学の蓄積は男性性研究にとって非常に重要ではあるが、基本的に〝ジェンダー〟に焦点化するものが中心となるため、セクシュアリティを視野に入れた分析の理論枠組みを提供するものは少ない。

そうした中で、男性学領域においてその影響力も含め最も重要なものとしてはR・W・コンネルによる「覇権的男性性（ヘゲモニック・マスキュリニティ）」概念が挙げられる。コンネルは、それまで女性ジェンダーと対置され、特にその抑圧的な地位から過度に均一化して捉えられてきた男性性（単数形としてのマスキュリニティ）を、その同一ジェンダー内における階層化や複数性に着目した上で〝マスキュリニティーズ〟と複数形で捉え直し、その内部でどのような男性性のあり方が優勢となるか、なおかつその男性ジェンダー内での階層性（周縁・序列化された男性性）が、権力配分の結果として男性優位という男女のジェンダー格差の維持に寄与しつつ、なおかつ覇権的な男性性をも成り立たせることを指摘した。これは、結果的に男性性の理想というものが歴史や社会状況、あるいは種々の属性によって多様であり、ダイナミックに揺れ動くものであるという視点を提供した点で重要である。

覇権的男性性概念においては、その内部の階層を区分する様々な境界線――例えば階級や人種、年齢などが検討されることになり、そのなかにセクシュアリティも含まれている。これは、後述するクィア理論と同じく、「男性ジェンダー優位」の分析を男性性の内部におけるジェンダー以外の要素（セジウィックが指摘するところの「権力配分の境界線」）の導入によって精緻化しようとする試みでもあるが、その一方で、セクシュアリティは重要ではあるがそうした様々な境界のうちの一つとして位置づけられることで、覇権的な男性性を成り立たせる一要素として相対化されているともいえる。これは、あくまでも男性〝ジェンダー〟に主眼をおいた分析枠組みであることから当然のことではあるが、男性優位および男性ジェンダー内の階層化というジェンダー格差は説明できても、セクシュアリティ格差そのもの――同性愛嫌悪のあり方に著しい男女ジェンダー間の差異があり、なおかつそれがジェンダー格差自体の維持に貢献していること――を説明することはできない。

さらに言えば、スポーツを通じて表象されてきた男性性の理想は、実際にはセクシュアリティと相互に関連しながら、そのジェンダーの理想そのものを解釈／再解釈し合う関係にある――言い換えれば同性愛／異性愛というセクシュアリティがどのようなジェンダー表象として像を結ぶのか――という、ジェンダーの揺らぎをも考察する必要があり、こうしたジェンダー／セクシュアリティを交差的に分析するという視点は基本的に含まれていない。これは、男性性のセクシュアリティ化以降から現代のホモノーマティヴ化（同性愛の規範化）しつつある状況、つまりは脱セクシュアリティ化までの変容を分析する上で十分な理論的射程を有しないことを意味する。しかしながら、これは覇権的男性性概念の限界というよりは、あきらかにしようとする対象をジェンダーの関係性に焦点化したことによる、領域設定上の当然の帰結ともいえる。

（2）クィア理論の視座

一方、クィア理論は、そもそもジェンダーとセクシュアリティはその概念として相互に関連し合う不可分な関係にあるという立場をとる。セジウィックによる『男同士の絆』（1985＝2001）、『クローゼットの認識論』（1990＝1999）、およびジュディス・バトラーによる『ジェンダー・トラブル』（1990＝1999）という主要な研究群によって先鞭がつけられた(3)とされるクィア理論に共通するのは、それまで比較的分離していたフェミニズムによる男性優位というジェンダー秩序に関する研究と、同性愛差別の根拠となる同性愛嫌悪に対抗するという背景を共有するセクシュアリティ研究を、理論の上でいかに架橋することができるかという問題意識との格闘の過程でもあった。なおかつ、こうした学術的な理論が、エイズ・パニックに見舞われた1980～90年代当時のアメリカ社会において苛烈化する同性愛嫌悪に抗するために、ジェンダーやセクシュアリティを越えた共闘の基盤を築く必要に迫られていた社会運動の現場において意図せずして受け入れられ、またその実践を通じて洗練されていったことは、現在スポーツ界をめぐって生じている性に関わる様々な問題と照らしても非常に重要である。結果として両者の提出した理論では、ともにジェンダー規範をセクシュアリティから――特に非規範的とされてきたホモセクシュアリティから捉え返すという問題意識が焦点化されている。

実のところ、こうしたセジウィックとバトラーによる研究に先立ってジェンダーとセクシュアリティを架橋するクィア理論的な発想を準備したのはゲイル・ルービンであり、両者はともにその研究から重要な示唆を得たと述べている。ルービンは、1975年にその重要な論考である「女の交易：性の〝政治経済〟についての覚え書き」において、女性を抑圧する要因とされてきた家父長制という概念を批判的に検討する過程で「セックス／ジェンダー・システム」という分析枠組みを提示し、性別分業がジェンダーという性役割とともにそれを自然化する異性愛をも創出すると指摘した。さらに「人間のセクシュアリティのうちの同性愛的な部分を抑圧すること、そしてそのことから当然に、同性愛者を抑圧することは…女を抑圧する制度的な規則や関係性が生み出す所産」（セジウィック、2000、34頁）であり、なおかつ、異性愛という規範的なセクシュアリティの実践が男／女の二元的なジェンダー規範を強化すると述べた。この、強制的異性愛と女性を抑圧するジェンダー秩序を不可分と捉える視点を敷衍し、セジウィックはジェンダーのみならずセクシュアリティにおいても男女間で権力勾配／抑圧差が生じるのはなぜなのか（セジウィック、2000、33・35頁）という疑問からホモソーシャリティ概念へと至り、一方のバトラーは「「同じ」ジェンダーの人間と寝たら自分がどんな人間〔ジェンダー〕になってしまうかわからないという不安」(バトラー、2000、69頁) ——言い換えれば非規範的なセクシュアリティ実践によるジェンダーの不安定化——というジェンダー・トラブルの初期の着想を得たという。

この、セクシュアリティの理論構築とジェンダーのそれには「究極的な区別が付かない」(ルービン、バトラー、1997、320頁) というクィア理論の視座は、当然ながら男性性を分析する上でも、これまでの男性学と比してセクシュアリティを重視することになる。特に、19世紀から20世紀初頭にかけての英文学作品において表象される男性ジェンダー間の絆が、同性愛嫌悪というセクシュアリティに基づく禁止の登場によって規制／分断されていくことを明らかにしたセジウィックは、「近代西洋文化の実質上どのような側面についての理解も、近代のホモ／ヘテロセクシュアルの定義に関する批判的な分析を含まない限りは、単に不完全というだけではなく、その本質的部分に欠陥を持つことになる」と主張し、「そのような批判的分析を始める適切な場は、近代のゲイ理論および反同性愛嫌悪の理論という、相対的に中心からはずれた視点からである」と仮定する。(セジウィック、1999、9頁) なおかつ、「ジェンダー間の不平等と闘争を特徴とするようなどんな歴史的状況においても、同性間の絆を構造化する過程は、事実上、権力とジェンダーのあらゆる係争点と交差する、集中的な規制の場」(セジウィック、1999、11頁) となると指摘しており、セクシュアリティは男性性を分析する上での一要素ではなく、西洋近代を貫く不可避の要素と見なされている。また、異性愛主義の社会において規範的なセクシュアリティ実践が規範的なジェンダーを強化する、というクィア理論の重要な指摘は、同時に、非規範的とされてきた多様なセクシュアリティの実践がジェンダー規範それ自体を切り崩す、あるいはその理想を変容させる可能性を秘めたものであることを示唆しており、セクシュアリティが男女二元性というジェンダー体制そのものと不可分であることを示してもいる。

一方でセジウィックは、ジェンダー以外にも例えば人種や階級、年齢といった社会組織をあまねく明確に引き裂く象徴的亀裂(権力の配分の境界線)が多々存在し、本来はセクシュアリティの編成に深く織り込まれていることについても注意深く言及している。(セジウィック、2001、

5・16頁）具体的に言えば、特定の人種、例えば黒人が身体的・男性的とみなされる一方で東アジア系人種は受け身的・女性的と捉えられたり、貴族階級が非生産的な女性化した存在として語られるのと対象的に労働者階級は無骨で男性的であるとされることや、あるいは高齢者や子どもに性はない／無性的だとする社会的期待など、多くの亀裂（差異）はジェンダー的な意味に翻訳されたイメージで認識されがちであり、なおかつその違いに基づいて様々な資源の配分や権力の勾配が生じてきた。そして、こうした中でもアメリカ社会においては「おそらくジェンダーを除くと、人種の亀裂こそが最も先鋭化されたかたちで二項対立を生み出す」ものとなっているとも指摘されている（セジウィック、２００１、15頁）コンネルによる覇権的男性性は、こうした「権力の配分の境界線」によって区分されうる諸集団あるいは属性に基づいて男性性を分析し、それを男性ジェンダー内の格差・序列の配置として提示したものと考えることもできるだろう。

だが、男性性をクィア理論でこそ分析すべきである最も重要な点として指摘できるのは、近代のある時期以降、結果としてセクシュアリティが「選択対象のジェンダー」と同義語となってしまった——つまり自らのジェンダーと欲望の対象となるジェンダーの組み合わせのみが〝セクシュアリティ〟（性的指向）を構成する要素と見なされるようになったという事実にある。（セジウィック、２０００、38頁）セジウィックは例として、19世紀末においては男性の苦痛嗜愛や幼児性愛、自己性愛などのさまざまな指向がセクシュアリティを構成し得るものであったとし、またフーコーを参照するかたちで自慰行為者や動物性愛なども挙げながら、こうした多様な次元の中にあってただ一つ、選択対象のジェンダーのみが「性的指向」という現在では広く行きわたったカテゴリーによって示される唯一の次元として(20)世紀の転換期に出現し、今日まで続いているというのは、かなり驚くべき事実であると述べている。（セジウィック、１９９９、17頁）

実際のところ、これまでにも様々な研究において人種概念とジェンダーとの相似は指摘されてきた。また、現在ではパラフィリア（性倒錯）障害群に分類される特殊な指向とみなされている動物性愛は、かつてのイギリスでは男性間の性行為や肛門性交等と同じく〝バガリー〟（buggery）という「品位にかける淫らな行為」として一括りにされていたことはよく知られている。さらに象徴的には、1970年代からレズビアン活動家として著述やアクティヴィズムを通じて活躍し、ゲイル・ルービンらとともにレズビアン・フェミニストBDSM（拘束・隷属／サド・マゾヒズム）グループである「サモア」を組織したことでも知られるパット・カリフィアは、サディストでもある自らの性指向に関連して以下のように述べている。(4)

私のほとんどのパートナーは女性だけれど、ジェンダーは私にとって境界線にはならない［…］もしも（性的に）ありきたりなレズビアンか好色な男のマゾヒストのどちらと無人島で遭難するか選べるとしたら、私は男の方を選ぶ。(5)

現代、BDSMという欲望それ自体は性的指向という意味での狭義のセクシュアリティには含まれないものとして扱われているが、カリフィアの例からは、ときにジェンダーというカテゴリーを超える性的欲望の対象選択があり得る——少なくともジェンダーと同等かそれ以上の性的欲望への指向がセクシュアリティを構成し得るのだ、という本来あり得た可能性にあらためて気づくことになる。しかしながら、実際にはこうした多様な性的欲望の対象は、19世紀から20世紀の転換期に際して急激に周縁化され、性的に「指向」されるべきは男／女のジェンダーのみであるという根本的な性のカテゴリーの圧縮（セジウィック、1999、17頁、クローゼット）が起こった結果、セクシュアリティもまたその二元論に対応した新たな発明であるホモ／ヘテロセクシュアルという対構造へと収斂することとなった。

これは同時に、セクシュアリティにとってジェンダーという権力配分の境界が特権化された、ということを意味し、ここに至って二つの概念は分かちがたく、また相互に関連する不可分なものとして近代の性の体制を形づくることになったといえる。ここで本論の冒頭に戻れば、この新たなセクシュアリティの編成が少なくとも近代以降の西洋社会を貫く不可欠の要素となったのであり、それ抜きにはどのようなジェンダー間の格差や同性間の関係性、事象も説明し得ないことになる。セジウィックに倣って言えば、これ以降セクシュアリティという要素こそが、ジェンダーを中心としながらも階級や人種等を含めた様々な差異の間で意味を入れ替える「特に強烈に梃子の力が作用する点」

（セジウィック、２００１、17頁）となり、男性ジェンダー間のみならず男女のジェンダー秩序／二元制そのものを規定し、分節する力を駆動する契機になったのだと言えよう。

３　スポーツ領域における課題

現在のスポーツ界において、性をめぐる問題は常に大きな議論となってきた。いまだ解決されていない男女のジェンダー格差に加え、男性優位の競技原理の中で逆説的に強い差別を被ってきたゲイ男性アスリートの存在、さらには近代の性体制が想定してこなかったトランスジェンダーや性分化疾患（ＤＳＤ）の選手と近代スポーツの性別二元性との齟齬は、もはや変化しつつある社会の価値観との差異として看過できない重要性を帯びている。ただし、スポーツの有する性別二元論という限界は理屈の上ではセクシュアリティの多様性――非規範的とされてきた同性愛――は含みこむことができるはずであり、実際に２０００年代以降はゲイであることをオープンにした上でプロやオリンピック・レベルの競技で活躍する男性選手たちが顕在化している。こうしたゲイ男性選手の一部には、自らのセクシュアリティが受容される一方、ジェンダーの側面では近代的な理想に位置づけられつつ、男性ジェンダー優位のスポーツのなかで相対的にではあるが「特権的な」男性であり続ける――セジウィックの示唆した同／異性愛というセクシュアリティによる分断のない男性のホモソーシャル連続体――という傾向もみられ、他のマイノリティ、特にジェンダー・マイノリティとしてのトランスジェンダーやＤＳＤ、ノンバイナリーやジェンダー・クィアの人々との目立った連帯は見られない。また、同じく高いレベルで競技するゲイのアスリートであっても、女性的である／男性らしくない、とみなされる――近代的男性性というジェンダーの理想に合わない――場合には、依然としてホモソーシャルな連続体から排除されがちであるという傾向も散見される。もちろん、これは各選手や当事者の意思や立場というよりは、近代スポーツそれ自体が持つ制度的な限界であり、こうした性的マイノリティ内の格差自体が逆説的に現在のスポーツにおける問題の所在を照射しているともいえる。

こうした脱セクシュアリティ化（あるいはホモノーマティヴ化）以降の、むしろジェンダー規範／概念が相対的に重視される文脈の中にあっては、あらためて共闘の理念としてのクィア理論的視座が求められている。先述したように、クィア理論の要諦はジェンダーとセクシュアリティが分離することのできない関係にあるということであり、実際に同性愛者のジェンダー解釈／表象は長らく「女性／男性的な男性／女性」あるいは「ジェンダーが倒錯した存在」として非規範的に捉えられてきた。これは「非規範的なセクシュアリティ実践がジェンダー規範を不安定化させる」という一面を表す典型でもある。しかしながら、もしこの視座が妥当であるとするならば、理論の上では性的マイノリティとされてきたゲイ男性やレスビアンは、その〝非規範的なジェンダー〟という側面をトランスジェンダーやDSDと共有することになる。これは、もしジェンダー規範の不安定化を「ジェンダー規範を揺るがす」と肯定的に捉え直すならば、ジェンダー／セクシュアル・マイノリティを架橋する連帯の可能性を示唆することにも繋がる。

近代スポーツはシスジェンダー男性優位の性別二元性を基盤に形作られた以上、こうした連帯に基づく異議申立ては、結果的には理論上、現在のスポーツが有するその原理自体を解体し緩める方向性に進まざるを得ない。しかしながら、スポーツという文化がある種の近代的な伝統競技としてジェンダー格差を保持したまま存続するにせよ、あるいは（既にその試みが増加しているように）その限界を見据えてダンスや武道型種目、あるいはeスポーツのようなジェンダー差を生じにくい領域へと拡大してゆくにせよ、こうしたスポーツを通じたジェンダーとセクシュアリティ――特にその中心にあった男性性――からの批判的視点は、少なくとも現在あるスポーツの限界と同時に、その変化してゆくべき方向を指し示す一つの契機となり得るものと言えるだろう。

（立命館大学）

【注】

（1）フーコー以降、多くの研究が示すように、中世から続く男性同士を含む逸脱的な性行為全般を示す概念であるソドミー（男色）は、その行為に重点が置かれており、行為と人格とを結びつける近代の同性愛概念と同一ではない。

（2）同性愛というセクシュアリティがどのようなジェンダーとして理解されるか、という「セクシュアリティのジェンダー表象」あるいはその交差的解釈という問題に関しては、『クローゼットの認識論』（1999）に詳しい。

（3）両者は「クィア」という概念を知る以前にこれらの研究を生み出したが、後に、運動の現場において実践のための理論（クィア理論）として援用されているのを知ることになり、両者ともそうした実践に寄与していることを肯定的に捉えている。
（4）カリフィアは、後に男性へと性別移行し、現在ではトランスジェンダーとしての経験を元に著述および実践としての活動を行っている。
（5）Pat Califia, *A Secret Side of Lesbian Sexuality*, The Advocate, no.283 (Dec. 27, 1979).

【参考・引用文献】

Butler, J. (1990) Gender Trouble: Feminism and the Subversion of Identity, Routledge.（竹村和子訳（１９９９）『ジェンダー・トラブル―フェミニズムとアイデンティティの攪乱』、青土社）

Holt, Richard, Sport and British: A Modern History, 1991.

Nelson, C. (1989) Sex and the single boy: ideals of manliness and sexuality in victorian literature for boys. Victorian Studies, (32)4 (Summer): 525-550. Indiana UP.

Sedgwick, E. C. (1985) Between Men: English Literature and Homosocial Desire, Columbia Univ. Press.（上原・亀澤訳（２００１）『男同士の絆』、名古屋大学出版会）

Sedgwick, E. K. (1990) Epistemology of the Closet, University of California Press.（外岡尚美訳（１９９９）『クローゼットの認識論：セクシュアリティの20 世紀』、青土社）

Townson, Nigel, The British at Play: A Social History of British Sport From 1600 to the Present, Bucharest, Cavallioti Publishers, 1997.

岡田桂、セクシュアリティ化される男性性の理想：１９３０―80年代の米国フィジカル・カルチャー雑誌における男性身体表象とホモソーシャル連続体、体育学研究61巻（２０１６）１号。

「現代思想　特集ジュディス・バトラー」、２０００年12月号、青土社。

「現代思想　特集「女」とは誰か」、１９９７年12月号、青土社。

【特集】スポーツにおけるジェンダーを考える

日本のスポーツ界のジェンダー平等に向けて何が必要とされているか

―スポーツ政策の指針としての「機会の平等」と「ジェンダー主流化」―

來田享子

1．はじめに

近年、日本における国や地方自治体のスポーツ政策、スポーツ組織の政策や方針において、多様性に着目した文脈が見られるようになっている。たとえば、第3期スポーツ基本計画（以下、基本計画）では「スポーツを『つくる／はぐくむ』」「スポーツで『あつまり、ともに、つながる』」「スポーツに『誰もがアクセスできる』」の3つの視点が提示され、そのいずれにも「多様な主体」「共生社会」「様々な違いによるスポーツの取組に差が生じない社会の実現」などが謳われている。

これら3つの視点の必要性を述べた本文の注(1)およびスポーツ組織における女性理事の割合の目標値40％を引き続き目指すとした箇所(2)では、基本計画としてはじめて、第5次男女共同参画基本計画が参照された。基本計画が第1期から第3期へと移行する中で重みを増している具体的な施策としては、スポーツへの女性の参加の拡大、女性アスリートの競技力向上、スポーツ団体の女性役員比率の増加に関する言及がある。

地方自治体のスポーツ政策策定時には基本計画の内容が参照され、重点が置かれた方針や施策は踏襲される。そこに上述のような方針や施策が含まれる意義は大きい。

一方で、国際的なレベルで提示されている、スポーツにおける女性の地位の向上やジェンダー平等をめざす政策に照らした場合、上述の政策は更新、発展させることが可能だと考えられる。たとえば次のような問題意識によって、その可能性は裏づけられる。

政策内で多様性という語が用いられることにより、性にもとづく差別や不平等の解消という視点が後景に押しやられることはないのだろうか。「女性の問題」としてではなく、女性と男性の関係性によって構造的に生み出される不平等に関する視点は欠落していないのだろうか。長い歴史の中でスポーツに浸透した性別二元制的思考によって、政策の視点からこぼれ落ちる人々が存在するのではないだろうか。

こうした問題意識の下、本稿では国内のスポーツ政策に補填すべき課題について、ジェンダー平等の達成をめざす視点から考えたい。近代以降の国内外の歴史を振り返れば、ジェンダーにもとづく差別や不平等は、残念ながら自然に解消されることはない。平等を達成するには「どのような状態が平等だといえるのか」を持続的に見直しながら、戦略的に取り組む政策が企画立案され、施策が実行される必要がある。したがって、スポーツ界においても求められる政策を検討し続けることが不可欠である。

スポーツ界のジェンダー平等の達成は、社会全体に遅れる傾向があるとされてきた。その背景には、スポーツが身体に関わる文化であり、性差が前提になっていることやスポーツの制度全体が女性／男性という性別二元制によって成り立ってきたことがある。加えて、国際社会の中でも、とりわけ日本はジェンダー不平等の解決に遅れがみられる(3)。

そこで本稿では、スポーツ界における過去から現在のジェンダー平等をめざす動向ないし政策が柱としてきた主張について、国際社会全体が目指した潮流を参照しながら概観する。この概観の目的は、ジェンダー平等の達成のために、どのような権利の獲得と拡大が射程に置かれてきたのか、そのために何が必要だと考えられ、どのような手段が講じられたのかを確認することである。

なお、「日本のジェンダー平等の達成に向けて必要とされること」を描きだす方法には、ジェンダー統計によって課題を明らかにしたり、差別・不平等・抑圧に関する個人の経験を浮き彫りにするなど、様々なアプローチがある。それらのアプローチは、２００２年以降に蓄積されてきたスポーツとジェンダー学会(4)における研究者たちの研究成果にも示されている。以下の概観は、それらの成果の蓄積に多くの示唆を得て構成されていることを付記しておきたい。

2. 「女性の市民権獲得のための闘争」とスポーツ界における動向

スポーツにおける女性の参加や参画における不平等の解消を主張した最初期の事例は国際女子スポーツ連盟（ＦＳＦＩ）による１９２０年代のムーブメントであった(5)。ＦＳＦＩは、オリンピック大会における女子陸上競技のプログラム採用と役員等への女性の参画を求めた。

スポーツ界での女性の権利拡大を求めたこのムーブメントは、19世紀末から20世紀初頭にかけ、フェミニズムの第一の波と位置づけられる社会の変化の影響を受けながら、その波にやや遅れて芽生えた。この時代、欧米では女性の参政権の獲得、財産権などの公的な権利の保護、高等教育への門戸の開放など、市民としての権利の獲得を目指す潮流が広がっていた。

ＦＳＦＩによる要請は、スポーツにおける意思決定という観点では女性の参政権の獲得という潮流に接続される。また、当時のスポーツの発展の舞台のひとつが男性たちの教育機関であったことから、教育における女性の地位向上とも接続されていたと考えられる。

ＦＳＦＩによる要請の成果のひとつは、１９２８年以降のオリンピック大会で女子陸上競技が実施されたことであった。しかし、この成果の後、ＦＳＦＩ内部の人々の思惑は、２つに分断された。一方の人々は、陸上競技における参加の権利を得たことにより、組織の最終的な目標は達成されたと考えた。ＦＳＦＩの設立に中心的な役割を果たしたアリス・ミリアを含む、もう一方の人々は、参加の権利に加え、スポーツ組織における女性の地位を獲得し、意思を反映させるという参画の権利をさらに主張すべきであると考えた。この組織内部の分裂は、ＦＳＦＩの推進力を弱体化させ、１９３７年には組織は消滅／解散することになった。

ＦＳＦＩの歴史的事例は、巨視的にはその後のスポーツ界におけるジェンダー平等政策を方向づけたと理解することができる。ＦＳＦＩが働きかけた女子陸上競技の追加は、それまでの24年間、５％台を下回っていたオリンピック大会における女性の参加割合を10％台に手が届く割合にまで引き上げた。実際に10％を超えるには１９５２年を待たなければならなかったにしろ、クーベルタンが「成人男性の聖域(6)」としたオリンピックに、組織化という方法で女性たち自身の声を届けた意義は大きかった。しかし、その一方で、スポーツ界における女性の権利＝参加という短絡的な文脈を長く定着させることになった可能性がある。

3．「対等な地位や権利の獲得」「身体に関する自由と権利の獲得」とスポーツ界における動向

フェミニズムの第一の波では市民権の獲得が目指され、一定の成果が得られていった。この「一定の成果を得た」という現実に加えて、社会が第二次世界大戦の戦渦に巻き込まれたことが、ムーブメントの勢いを停滞させた。その停滞を新たな動きへと転換させたのは、１９６０年代半ば以降の米国におけるウーマン・リブ運動であった。この運動が各国で広がった(7)。フェミニズムの第二の波と総称される運動を契機に、この時期のフェミニズムには多様な理論にもとづく様々な運動があるが、総じて、第一の波で獲得された市民権の拡大に加え、新たな権利や自由の獲得が目指された。ここでいう新たな権利や自由とは、たとえば、女性たちが自由に職業を選択するなどの男性と対等な地位や権利であり、中絶や避妊に関する女性自身の選択という身体に関わる権利や自由であった。

こうしたフェミニズムの第二の波の影響もまた、スポーツ界ではやや遅れて目に見えるようになった。男性と対等な地位や権利を目指す歴史的事例のひとつには、１９７３年のビリー・ジーン・キングとボビー・リッグスの試合がある。この試合は“The Battle of Sexes”として大きな話題となり、近年も映画化される(8)など、人々の記憶に残されている。

この試合の翌年、キングは米国女性スポーツ財団（ＷＳＦ）を設立した。ＷＳＦの活動は、スポーツにおける／スポーツを通じた女性の権利拡大のムーブメントとして、現在

も継続されている。同じ時期、米国では1972年の公的高等教育機関における性差別の禁止について定めた教育改正法第9編（Title IX）が制定され、学校教育の場でのスポーツ活動における女性と男性の平等に関する法的保障が確立された。この法律の制定は、女子の参加の機会を広げると同時に「共習の経験や多くの新たな種目への挑戦によって、次代の者たちに活動形態はもとより、発想においてもおおいに影響を与えることになった(9)」。

この米国の例にみられるような単一競技や国内レベルでの取り組みが国際規模に拡大する契機は、スポーツがすべての人の権利であるとする「スポーツ権」の概念が国際的に広がる中で訪れた。この概念を記した最も初期の文書は、International Council of Sport and Physical Education（ICSPE）によって1964年に草案が作成され、1968年に採択された「スポーツ宣言(10)」である。この動向は、その後のスポーツ界における平等の保障の指針となった1975年欧州スポーツ・フォー・オール憲章、1978年ユネスコ「体育・スポーツ国際憲章」などの国際憲章の採択へとつながった。また、同時期にあたる1979年には、国連総会において女子差別撤廃条約が採択され、この条約の第3部第10条に「スポーツ及び体育に積極的に参加する同一の機会」が記載された。

俯瞰すれば、フェミニズムの第二の波は、スポーツ権という概念の提示と女性の権利を保障する条約が重なり合う国際情勢の中、各国の女性スポーツ関連団体(11)の設立に影響を与え、国内レベルのスポーツ政策策定の基盤形成に結びついたといえる。

米国のWSFのようにスポーツにおける／スポーツを通じた女性の権利の拡大や男女平等を明確に主張する組織は、1981年カナダ女性スポーツ振興協会（CAAWS）、1984年英国女性スポーツ財団（WSF（United Kingdom））など、1970年代半ばから1980年代にかけて設立されていった。

なお、前項で言及したFSFIに続く女性スポーツ関連団体には、第二次世界大戦後まもない1949年に設立された国際女子体育スポーツ連盟（IAPESGW）がある。この組織は、戦時期から国際的ネットワークが構想されていた唯一の組織であったが、その主たる射程は女子の体育教育の理論や教育方法であった(12)。

フェミニズムの第二の波の後半とされる1980年代の

終わりには、女性に対する差別や不平等をより構造的に理解する必要性が認識された。主としてヨーロッパにルーツを持つ女性たちの視点で成り立ってきた従来のフェミニズムでは、人種や障害等の観点から社会的に弱い立場に置かれた集団内の女性が抱える、より深刻な差別・不平等・抑圧を解消することは難しいと考えられるようになったのである。このようなジェンダー不平等に関する構造的理解を促し、分析する概念として登場したのが「交差性（インターセクショナリティ）」であった。この語のはじめての使用は、法学者K・W・クレンショーによる1989年の論考(13)だとされている。ただし、研究データベース"SPORTDiscus"で検索する限り、スポーツ分野でこの概念を用いた研究が見られるのは2000年前後からである。

4．概念装置「ジェンダー」の登場とスポーツ界における"Gender Equality"政策

フェミニズムの第二の波の影響を受けて設立された各国内の女性スポーツ関連団体を接続し、国際レベルへと拡大させるとともに、必要とされる政策を体系的に提示した動きが生じたのは、1990年代の半ば以降であった。その起点となる動向は、1994年世界女性スポーツ会議であり、その成果として国際女性スポーツワーキンググループ（IWG）が設立され、ブライトン宣言(14)が採択された。以来、IWGは現在まで4年毎に会議を開催し、国際および国内のスポーツ組織や政府等が策定すべき戦略的政策を提言し、モニタリングを行っている。

同時期に、伝統的なスポーツ組織の側からも類似の動向が生じた。最大規模のネットワーク下で展開されたのが、1996年に始まったIOC世界女性スポーツ会議である。この会議を通したIOCからの働きかけは、主としてエリートスポーツにおける女性アスリートの育成や女性のリーダーシップの向上に一定の成果をあげた。しかし、IFやNOCによる戦略的政策の下での取り組みの促進に十分な効果をもたらしたとは言い難かった(15)。そのためIOCは国際会議の開催という形式での方針の提示を2012年第4回会議で終了した。そして2014年以降は、IOCの中期戦略であるアジェンダ2020やアジェンダ2020＋5の重要課題のひとつにジェンダー平等を置くようになった。また、2018年以降は独自のジェン

ダー平等政策を公表している。その中の重要な戦略のひとつは、オリンピック大会で得られるジェンダー統計を活用して数値目標を定め、IFやNOCにその達成への協力を働きかけるというものである。

これらの動向は、フェミニズムの第二の波が進む中で「ジェンダー（gender）」という語が用いられたことで新たに展開した、フェミニズムの第三の波の影響を受けながら進められた。「ジェンダー」の語は、元来は文法的な性を指したが、生物学的な性（sex）に対置するための概念装置として新しい意味で使われるようになった。この語によってフェミニズムの理論に新たな展開を与えたのはJ・バトラー『ジェンダー・トラブル』（1990）やJ・W・スコット『ジェンダーと歴史学』（1992）等であった。

現在でもこの語の定義や用法は一様とはいえず、「文化的・社会的に意味を付与された性」の意味で、あるいは性別役割と同義的に、あるいは「女」の婉曲的あるいは包括的な表現として、等の用法がみられる。ここでは紙幅の関係から、この語に関する詳説は避け、スコットが用いた分析概念「身体的性差に意味を付与する知」(16)を充てておくこととする。スコットはこの分析概念によって、ジェンダーは政治・経済・文化など社会全体の秩序を作り出す力の一部として作用することを明らかにした。

ジェンダーという語の多用、浸透は、フェミニズムに新たな展開をもたらした。第二の波の時期までの焦点は、主として女性と男性を平等に扱うこと（equality）、すなわち機会の平等を達成するための政策に当てられ、政策のターゲットは「女性」という社会的カテゴリーに属する人々であった。また、男女の平等の達成には意思決定において女性の視点や意思を反映させることが不可欠であるとの観点から、1980年代以降は各国でポジティブ・アクションなどの戦略が見出された(17)。

IWGやIOCが提示する施策には当初から、また日本国内の近年のスポーツ政策やスポーツ組織等による実践にも、これら第二の波の時期以降に焦点が当てられるようになった2種類の戦略が含まれる"Gender Equality"政策が見られる。具体的には、女性のスポーツへの参加割合の増加、女性アスリートの育成支援、女性コーチ・役員のためのリーダーシップ研修会、スポーツ庁のガバナンスコードに示された女性役員比率の設定（もしくは目標値に到達するための計画の策定）などがこれに該当する。

一方で、社会やスポーツにおけるジェンダー不平等の解消に与える“Gender Equality”政策の効果は限定的であることも指摘されるようになった。たとえばＩＯＣは１９９６年に初めてＩＦやＮＯＣの女性役員比率を「２０００年までに10％」とする目標を設定(18)し呼びかけたが、足並みはそろわなかった。30年近くを経た現在進行中の２０２１―２０２４年の政策(19)でも「30％を推奨する」状態に留まっている。効果が限定的であるという現実は、別の新たな戦略の必要性を迫る。打開策として見出されたのは、政策の焦点を平等（equality）のみならず、公平（equity）にも当てることであった。

先述のとおり、女性と男性を平等に扱おうとする政策では、不平等な扱われ方をしている側（多くの場合は女性）に政策のターゲットを定める。その戦略には一定の合理性がある。一方、「男性」と対立する集団として「女性」というカテゴリーを普遍化することは、生物学的な性によって人間のあり方を固定的に理解し、性別二元制を自明視する思考からの脱却を難しくする。そのほとんどが男性を基準に成り立ってきた社会の制度や事物の下では、ジェンダー規範が貼りついた「女性」という位置づけそのものから女性を解放する力が働きづらい。そのためにかえって平等な結果の達成の障壁が生み出される場合もある。“Gender Equality”政策の課題は、この点にあった。

具体的な例に則して考えてみよう。役員の女性比率向上のために女性リーダー育成に重点を置いた教育啓発活動を実施する施策は、役員の女性比率が増加しない理由を女性個人の問題として捉えるものである。しかし、K.Fastingの研究(20)では、多くの男性がそのように捉える一方、女性たちは役員選出のプロセスや基準が不透明であること、女性の家事・育児負担が男性より大きいこと、等を理由としてあげた。この研究結果は、スポーツの組織文化や役員選出プロセスなどの構造そのものを変化させる方策を講じなければ、たとえ“Gender Equality”政策によって役員比率が向上したとしても、その成果が単なる数字合わせに終始する可能性があることを示唆している。

5. “Gender Equity”達成のためのジェンダー主流化政策

政策の対象を女性に絞り込むという“Gender Equality”

政策では解決が困難な問題に対し、次に見出されたのは、スポーツのあらゆる側面に埋め込まれ、構造を作り出しているジェンダーにもとづくバイアスそのものを解消すること、すなわち"Gender Equity"の視点からの政策を策定することであった。この政策では、政策の策定段階はもちろん、企画やプログラム、スポーツイベント、手続き、組織文化、財源、施設等のあらゆるシステムや構造にジェンダーに敏感な視点を組み込むことが目指された。このジェンダーに関わる不平等を生み出す構造そのものを変化させるアプローチが「ジェンダー主流化（Gender Mainstreaming）」である。ジェンダー主流化の要請は、1995年第4回世界女性会議の北京宣言で国際的に明確に示された(21)。この影響は、IWGやIOCが提示した政策にも反映されている。

たとえば2014年IWG第6回世界女性スポーツ会議の成果文書である「女性スポーツに関するブライトン＋ヘルシンキ2014宣言(22)」では、ジェンダー主流化の項が勧告の一項目として立てられ、「26 ジェンダー視点に立って、すべての政策、特に人的、財政的資源の配分において主流化されること」「27 ジェンダーの主流化についての教育には、ジェンダーのための予算編成やジェンダーへの影響評価のようなツールを含み、政策の発展とスポーツ政策の実施責任者への研修に含めること」が記されている。

具体的な施策に即して検討してみよう。最近のスポーツ庁による施策のうち2022年に公表された「スポーツ施設のユニバーサルデザイン化 ガイドブック(23)」には、ジェンダー主流化に近づく発想が含まれている。このガイドブックは、年齢、性別や性的指向、能力等に関わらず利用しやすいスポーツ施設のあり方を①構想・計画、②設計・建設、③管理・運営の3点から提示している。さらに、絶えず見直し・改善を行うことも要請されている。そこには、こうした施策を通し、スポーツ施設がスポーツ文化そのものの変化を促す可能性が見て取れる。この施策に以下のような方策をつけ加えることでジェンダー主流化が促進される。すなわち追加する方策の例としては、様々なタイプの障害をもつ人々・高齢者・子育て世代・外国人などの各属性内で生じる可能性があるジェンダーにもとづく不平等や困難を解消すること、施設の職員や施設で展開されるプログラム等をジェンダー視点で見直すことなどをあげることができる。

「女性スポーツに関するブライトン＋ヘルシンキ２０１４宣言（以下、２０１４宣言）」への日本国内での注目は、女性役員の比率を40％とする目標値を「スポーツ団体ガバナンスコード」に含める際にスポーツ庁が参照したことに集中している。しかし、国内のスポーツにおけるジェンダー平等に向けた政策にとって、より注目されるべきは、この宣言が指摘するジェンダー主流化政策の重要性であろう。なお、"Gender Equity" およびジェンダー主流化の重要性については、国内のスポーツ分野の学会では２００４年にはＫ・ファスティング(24)によって、２００６年にはＡ・ホール(25)によって紹介されている。

6. 日本のスポーツにおけるジェンダー平等政策に何が必要とされるか

以上のように性にもとづく不平等の解消をめざす主張、政策、戦略は変化してきたが、それぞれの時期に目指された権利の獲得、不平等の解消は、段階を追って解決され尽くしたというわけではない。時代の変化の中で、保障されるべき人権は拡大し、保障すべき対象が広がるとともに、不平等や抑圧は姿や形を変えながら残存し、生成され続けるためである。

では、直近のジェンダー平等政策では何が強調されているのであろうか。ここでは、ＩＷＧによる世界女性スポーツ会議の成果物と２０２２年に公表されたＥＵのジェンダー平等政策に着目してみよう。前者は、これまで述べてきたとおり、１９９０年代後半以降、政策を提言し、モニタリングと新たな課題の発掘を継続してきた。

後者に着目する理由は、主として2点である。第一は、特に不平等の解消が求められる近代スポーツが主として欧州で発達し、現在もこの地域における動向がスポーツ界に与える影響は少なくないことである。

第二に、ＥＵは１９９５年以降、一貫してジェンダー平等政策に先進的に取り組んできた(26)。この取り組みは、政治的・社会的・文化的に多様性のある国の集合体であると同時に、超国家レベルの常設人権救済機関である欧州人権裁判所を置き、多様性がある中でも国際的に承認されるべき人権の考え方を見出そうとし続けている中で進められてきた。日本は、性にもとづく不平等に関しては女／男の二元制を念頭にした基本法（男女共同参画社会基本法）が制定されているものの、差別を禁じる包括的な法を持たず、分野横断的なレベルでのジェンダー平等への視点が拡がりづらい。そのためジェンダー平等の達成状況が競技や地域によって多様であり、さらには教育・文化・福祉・健康等の近接分野との関連性にもスポーツ政策は影響を受ける。だからこそ一定水準でのジェンダー平等の達成をめざす力強い政策が求められる日本にとって、ＥＵのスポーツに関するジェンダー平等政策は有益な示唆を与えると考えられる。

(1) IWG世界女性スポーツ会議の成果から得る手がかり

２０１４宣言後に開催された２０１８年第７回世界女性スポーツ会議では「ＩＷＧボツワナビッグ５(27)」が採択された。この文書では、スポーツにおけるジェンダー平等達成において重点的に取り組むべき５つの領域と進められるべき活動が示された。さらに２０２２年第８回会議では、２０１４宣言の進捗状況のモニタリング結果が報告された。この報告書では、最大の障壁のひとつは「スポーツと身体活動が、現代社会と社会の進捗や時事問題を反映していない時代遅れのモデルに基づいている」こと、Covid-19の影響が女性の権利侵害に関係する経済的な影響を与え、女性や少女のスポーツへのアクセスを阻害したこと、が強調されている。

２０１４宣言以降の２つの会議で指摘され、かつ日本のジェンダー平等に向けた政策に補填すべきだと考えられる観点を表１に示した。

表１　2014宣言以降のIWGが強調する政策の観点

〈指導的立場に関する課題〉 指導的立場にある女性の不足、女性コーチ・指導者の不足
〈エリートスポーツにおける課題〉 性別二元制が強固であるエリートスポーツにおける差別・ジェンダーバイアス
〈スポーツメディアにおける課題〉 女性スポーツに関する報道の少なさ、ステレオタイプな女性／男性アスリートの描写
〈組織の説明責任と資源配分の課題〉 ジェンダー平等を保障するための組織の説明責任の強化と財源配分の透明性
〈政策面での課題〉 ジェンダー主流化戦略の欠如、ジェンダー平等のための政策や行動計画の強化、関連する調査研究・評価手法・評価機関の不足

（來田，2024）

(2) ＥＵのスポーツにおけるジェンダー平等政策から得る手がかり

ＥＵにおける政策の立案・執行を行う欧州委員会(European Commission) は、２０２２年に「スポーツのさらなるジェンダー平等をめざして（Towards More Gender Equality in Sport)」を公表した。ＥＵでは２０２１年１月から２０２４年６月末にかけて推進するスポーツ政策を公表[28]している。上記の文書は、このようなスポーツの全般的な政策と同時進行させながら、重点項目に位置づけたジェンダー平等の推進に特化した政策を提示したものである。日本のスポーツ政策ではこのようにジェンダー平等に特化した戦略が体系的に示されてはいない。この点で、大いに参考にすべきであろう。

文書の対象は、欧州委員会、加盟国、国際・国内スポーツ団体であるが、政策を検討した15名のハイレベル・グループ（ＨＬＧ）によれば、地方レベルでの施策に焦点をあてた政策提言になることに留意されている。この理由は、ＩＯＣやＩＦなどの国際的なスポーツ団体やエリート・スポーツにおいては主導的取り組みが進められているが、草の根レベルでは普及・啓発・モニタリング・評価・支援が十分とはいえないと分析されたためである。

この文書の特徴は、６つの主要テーマを設定するとともに、そのいずれにも関連する８つの横断的なテーマを明示したことにみられる。文書に示されたテーマおよび重点的に取り組むべき６つの主要テーマに関する具体的な施策を図１および表２に示した。

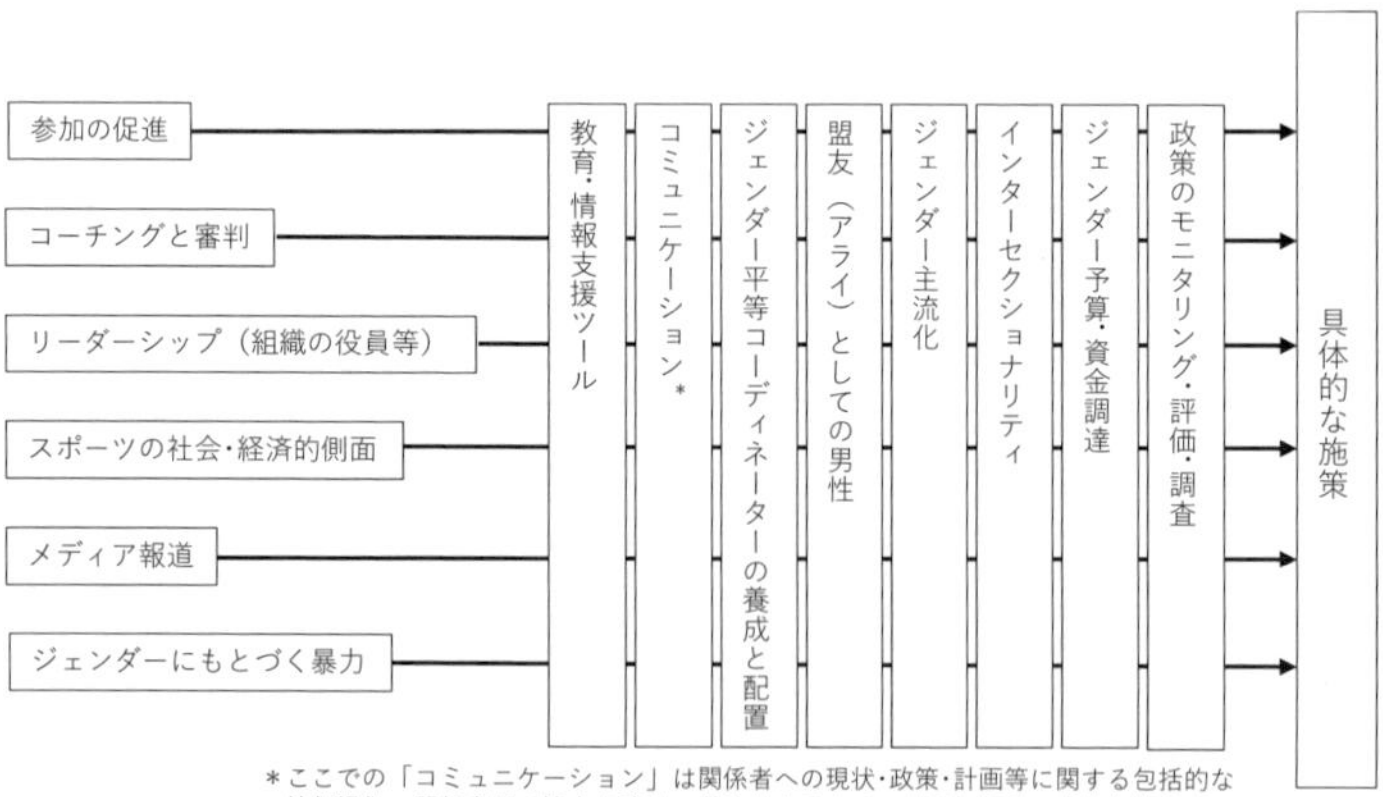

＊ここでの「コミュニケーション」は関係者への現状・政策・計画等に関する包括的な情報提供、関係者間の協力を強化・構造化するための対話と行動の促進を指す

図１　EUの2022年スポーツにおけるジェンダー平等政策の主要テーマと横断テーマ
（來田，2024）

表2　EUの2022年スポーツにおける主要テーマと具体的な施策例

参加の促進	・女子と女性の身体活動実施割合の増加 ・性別二元制にもとづく障壁の除去 ・多様性を受け入れる方法を学ぶためのスポーツの推進 ・資源（施設・用具・ウェアを含む）への平等なアクセス
コーチングと審判	・草の根からエリートレベルまでの女性コーチ・審判の教育機会の提供 ・支援（メンタリング）の仕組みの開発 ・適切な採用プロセスの確立と女性の採用へのインセンティブの提供 ・ロールモデルの提示および女性の関心を高めるキャンペーンの実施 ・教育・施策推進のためのデータ収集および研究の発展
リーダーシップ（組織の役員等）	・自主的に高い指導的地位につく女性を増加させるための役職の確保と支援政策の実施 ・組織の多様性を高めることの利点に関する認識の向上 ・50%の女性代表枠、任期制限の設定、代表者の多様性の向上、良好なガバナンス原則の遵守 ・障壁となっている機会・利益・無意識の偏見を取り除くための教育プログラムの設置 ・リーダーシップとジェンダー平等政策を評価する第三者機関との協力
スポーツの社会・経済的側面	・平等な法的枠組みの確保 ・女性のプロ選手・組織の雇用者の機会均等の確保（キャリアパス含む） ・賃金格差・スポンサーシップ・育児や出産の休暇や支援等の社会的利益の確保 ・スポーツにおける労働差別に対するキャンペーン ・内部通報制度やカウンセラーの配置
メディア報道	・官民メディア・スポーツ団体による女性スポーツのメディア報道を拡大するための戦略策定、インセンティブ、規制策定 ・ジェンダーステレオタイプな表象の改善、ジェンダー専門担当者の雇用、スタッフのジェンダーバランスの確保 ・ジェンダーに関わる量的・質的報道の偏りを改善するための教育、ジャーナリスト育成カリキュラムへのジェンダー平等教育の導入 ・この分野の研究の奨励と促進、スポーツジャーナリズムをモニタリングする国内機関の設置、スポーツメディアにおけるジェンダー主流化の基準の策定と公表
ジェンダーにもとづく暴力	・あらゆるレベル、特に草の根レベルでの教育・予防プログラムの実施 ・問題の拡がりやセーフガーディングの取り組み効果測定のためのデータ収集 ・内部通報制度および通報者の保護のための仕組みを確立し、当事者や目撃者の通報に対応するセーフガード担当者を任命・教育・支援 ・スポーツにおけるジェンダーにもとづく暴力防止の実践に関する情報共有・交換を行い、セクターを超えた協力関係を構築

EU（2022）より來田作成 , 2024

7．おわりに

本稿では国際社会全体で目指されてきた潮流を参照しながら、スポーツ界における過去から現在のジェンダー平等をめざす動向ないし政策が柱としてきた主張について、4つの時期に分けて概観した。この概観の目的は、性にもとづく差別や不平等においてどのような権利の獲得や拡大が射程に置かれてきたのか、そのために何が必要だと考えられてきたのかを確認することであった。

フェミニズムの第一の

波の影響を受けた時期には、スポーツ界における市民権の獲得が目指された。フェミニズムの第二の波の影響は、戦後のスポーツ権の確立という国際的潮流と重なり合いながら、スポーツ界における女性と男性の対等な地位や権利の獲得、女性の身体に関わる自由や権利の獲得が目指された。この動向はスポーツに先進的に取り組む各国内での女性スポーツ関連団体の設立というジェンダー平等に向けた国内レベルでの基盤づくりを創出した。さらに、ジェンダーという概念装置の登場により第三の波を迎えたフェミニズムの影響は、１９９０年代半ば以降、スポーツにおけるジェンダー平等政策を国際的な目標として設定する流れを生み出した。

本稿における概観を踏まえれば、日本のスポーツ界のジェンダー平等政策に求められる方向性において強調されるべき点は、以下の2点である。第一に、身体に関わる文化であるスポーツ分野では、生物学的性差と社会的・文化的性別の両方を含みこむ視点でジェンダーの語を捉える必要がある。第二に、過去のジェンダー平等政策が採用してきた2つの戦略を効果的に組み合わせることである。２つの戦略のうちのひとつは、ジェンダー別の統計を求め、ジェンダーにもとづく不平等や差別や抑圧がある状態の解消に方策を講じるという“Gender Equality”政策である。その政策の多くの部分は、今後も女性に焦点をあてたものになるであろうし、LGBTQ+の人々に焦点をあてた政策が追加される必要があるだろう。もうひとつの戦略は、スポーツ界の文化や組織の構造そのものにインパクトを与える“Gender Equity”政策の手法として、「ジェンダー主流化」の視点や重要施策に横断的に取り込むべき視点で政策の策定・実施を進めることである。多様な社会状況や文化的背景を意識しつつ、これらの視点を含み込んだ政策のひとつのモデルとして、前項で示した直近のEUによる政策は参考になると考えられる。

日本で補填すべき政策上の視点について、より具体的に、ここ数年の大きな政策上の焦点である運動部活動の地域移行を題材に考えてみよう。中学校期の運動部活動への参加率が減少傾向にある中で、とりわけ女子生徒の参加率は低迷し続けてきた。地域移行はこの低迷状態の打開策となることも求められる。そのためには低迷の理由を「女子の運動嫌い」という文脈でのみ捉えるのではなく、「多くの女子と少数（かもしれない）男子」の運動嫌いを生み出す構造は何かをジェンダー視点で検証し、政策や施策が提示される必要がある。例えば、教材となっているスポーツが男性性を強調するものである場合、そうした価値観になじまない生徒が排除されることになっていないだろうか。

また、地域移行後の指導者不足が懸念されることに対しても、その原因の一端に社会やスポーツ界のジェンダー不平等、ジェンダーにもとづく構造的課題があるのではないかという見方が可能である。そのような見方によって、女性の指導者育成はもちろん、男性指導者の活動の場の創出にもつなげられるのではないだろうか。

運動部活動は、男性のための高等教育機関を地盤にしながら、日本国内のスポーツ文化の発展を支えてきた場である。それを地域へと移行するという大きな転換点は、達成が難しいとされてきたスポーツ界のジェンダー平等に対する取り組みモデルの形成に大きく貢献する可能性を孕んでいると考えられる。

さらにつけ加えるべきこととして、2点をあげておきたい。第一に、人間の性（セクシュアリティ）は生物学的な性別、性自認、性的指向、性表現の組合せで成り立っており、その組合せは女／男の二元的には捉えきれない。この観点では、ジェンダーという語には人間の性別を二元的に捉えた概念装置としての限界があることも認識する必要がある。第二に、ＩＷＧやＥＵが提示してきた政策は、ジェンダー平等の達成に関する課題意識を強く持って進められているジェンダー統計、現状に対する批判的分析というスポーツとジェンダーに関わる研究によって支えられたものである。したがって、この分野の研究を特段に奨励し、促進することは、日本国内のスポーツにおけるジェンダー平等の達成およびそれをめざすための政策策定やその評価にとって、欠かせないと考えられる。

ジェンダー平等は、社会の中で歴史的に積み重ねられてきた女性に対する不平等の解消という問題であると同時に、より広い人権の問題である。ジェンダー平等に向けた日本のスポーツ政策とは、この国のスポーツにおいて不可視化され、周縁化されてきた女子や女性、不可視化され、周縁化されてきた人々に届くことが求められる政策である。この政策の射程には、スポーツ文化そのものの脱構築という課題が含まれていると考える必要があるだろう。

（中京大学スポーツ科学部）

【注】

（1）文部科学省（2022）『スポーツ基本計画』、15頁。この注には第5次男女共同参画基本計画（令和2年12月25日閣議決定）を参照し「男女共同参画社会の実現に向けて取組を進めることは、「男女」にとどまらず、年齢も、国籍も、性的指向・性自認（性同一性）に関すること等も含め、幅広く多様な人々を包摂し、全ての人が幸福を感じられる、インクルーシブな社会の実現にもつながるものである。」の一文が引用されている。

（2）前掲、57頁。

（3）内閣府男女共同参画局（2023）GGIジェンダー・ギャップ指数（https://www.gender.go.jp/international/int_syogaikoku/int_shihyo/index.html）このサイトで公表された2023年6月21日発表のGGIの日本の順位は、世界経済フォーラムが統計をとっている146カ国のうち125位。

（4）日本スポーツとジェンダー学会ホームページ（https://jssgs.org/）。研究誌に掲載された論文や講演記録はすべてJ-STAGEに搭載されている。

（5）來田享子（1998）「アムステルダム大会への女子陸上競技採用決定直後のFSFIの主張：FSFIとIOCの往復書簡の検討から」、『体育学研究』43（2）：91‐101頁。

（6）Pierre de Coubertin (1935) Les Assises philosophiques de l'Olympisme moderne, Message radiodiffusé de Berlin, le 4 août 1935, Le Sport Suisse.

（7）井上暢子他著（2012）『ジェンダーの西洋史（3訂版）』、法律文化社。

（8）北米では2017年に封切られた"Battle of the Sexes"。日本では邦題『バトル・オブ・ザ・セクシーズ』で2018年公開。

（9）井上洋一（2007）『体育史研究』24：107頁。

（10）ICSPE (1968) Declaration on Sport.

（11）女性とスポーツのより良い関係をめざし、参加や参画の権利を主張したり、活動する人々を支援する組織をここでは「女性スポーツ関連団体」と総称する。

（12）M. Ann Hall and Gertrud Pfister (1999) Honoring the Legacy: Fifty Years of the International Association of Physical Education and Sport for Girls and Women, pp.1-8.

（13）K. Crenshaw (1989) Demarginalizing the Intersection of Race and Sex: A Black Feminist Critique of Anti-Discrimination Doctrine, Feminist Theory and Anti-Racist Politics, The University of Chicago Legal Forum 140: Vol.1989, Article 8:139-167.

（14）順天堂大学女性スポーツ研究センターサイト「IWG世界女性スポーツ会議」（https://research-center.juntendo.ac.jp/jcrws/womeninsport/internationalconference/iwg/ なおこのサイトには、第1回（1996年）から第8回（2022年）までの同会議の成果文書等が日本語試訳とともに紹介されている。

（15）IOC Gender Equality Review Project (2018) IOC Gender Equality Report.（https://olympics.com/ioc/gender-equality/advocacy-and-support/gender-equality-review-project）。この報告の日本語試訳は新井喜代加ほか（2020）〈海外文献紹介〉IOCジェンダー平等再検討プロジェクト（2018）「IOCジェンダー平等報告書」、『スポーツとジェンダー研究』18：97‐114頁を参照。

（16）J・W・スコット、荻野美穂訳（1992）『ジェンダーと歴史学』、平凡社、16頁。

（17）辻村みよ子編（2004）『世界のポジティブ・アクションと男女共同参画（東北大学21世紀COEプログラム ジェンダー法・政策研究叢書第1巻）』、東北大学出版会。

（18）IOC (1996) Resolution of the 1st IOC World Conference on Women and Sport. (https://stillmed.olympic.org/media/Document%20Library/OlympicOrg/Documents/Conferences-Forums-and-Events/Conferences/IOC-World-Conferences-on-Women-and-Sport/1st-IOC-World-Conference-on-Women-and-Sport-Final-Resolution-Lausanne-1996.pdf)

（19）IOC (2021) Gender Equality and Inclusion Objectives 2021-2024. (https://stillmed.olympics.com/media/Documents/Beyond-the-Games/Gender-Equality-in-Sport/IOC-Gender-Equality-and-Inclusion-Objectives-2021-2024.pdf)

（20）K. Fasting (2000) Women's Role in National and International Sports Governing Bodies, In Drinkwater, B. L. Women in Sport. The Encyclopedia of Sport Medicine. An IOC medicine Commission Publication in Collaboration with the International Federation of Sport Medicine, vol. VIII: 441-453.

（21）男女共同参画局ホームページ(https://www.gender.go.jp/international/int_standard/int_4th_beijing/index.html)　この19項に「あらゆるレベルにおいて、女性のエンパワーメント及び地位向上を促進するであろう効果的、効率的、かつ相互に補強しあうジェンダー（社会的、文化的性差）に敏感な開発政策およびプログラムを含む政策及び計画を、女性の完全な参加を得て、立案、実施、監視することが必須である」と記されている。

（22）本稿では以下の試訳を参照した。田原淳子（２０１５）「〈海外文献紹介〉第６回ＩＷＧ女性とスポーツに関する世界会議にみるスポーツとジェンダーの今日的課題―「ブライトン＋ヘルシンキ２０１４宣言」と第６回世界会議の結論・勧告から―」、『スポーツとジェンダー研究』13：２０２‐２１５頁。

（23）スポーツ庁（２０２３）みんなにとって使いやすい！スポーツ施設のユニバーサルデザイン化 ガイドブック（https://www.mext.go.jp/sports/b_menu/sports/mcatetop02/list/1380329_00010.htm）

（24）K・ファスティング（２００４）ジェンダーの主流化とスポーツ、大阪体育学会・日本スポーツとジェンダー研究会共催講演会。

（25）A・ホール（２００６）カナダにおける女性スポーツ：ジェンダーエクイティは達成されたか?、日本スポーツとジェンダー学会第５回記念大会基調講演。

（26）來田享子（２０１０）「スポーツと性にかかわる差別に対する近年の動向―欧州評議会の文書を中心に―」、（財）東海ジェンダー研究所記念論集編集委員会編『越境するジェンダー研究』、明石書店、２２０‐２４３頁。

（27）ＩＷＧの成果文書はすべて順天堂大学女性スポーツ研究センター報告サイトに掲載されており、第５回会議以外は日本語試訳もある。https://research-center.juntendo.ac.jp/jcrws/womeninsport/internationalconference/iwg/

（28）Resolution of the Council and of the Representatives of the Governments of the Member States meeting within the Council on the European Union Work Plan for Sport (1 January 2021-30 June 2024) (2020/C 419/01) (https://eur-lex.europa.eu/legal-content/EN/TXT/PDF/?uri=CELEX:42020Y1204(01))

フェミニズム・スポーツ科学論の可能性

竹﨑一真

1．スポーツにおける新たなジェンダー問題

女子体操界のスターであるシモーネ・バイルズは、東京オリンピックの団体総合決勝を途中棄権し、翌日の個人総合決勝も出場を辞退した。その理由は、競技に影響が及ぶほどのメンタルヘルスの問題を抱えていたからであった。彼女の棄権に心配や応援の声が寄せられたものの、金メダル候補であった彼女の棄権に、SNS上では多くの失望やバッシングの声があげられた。そしてそのバッシングの中には、バイルズが「女性」かつ「黒人」であるがゆえに、「ヒステリックだ」という揶揄や、黒人は心をコントロールすることが苦手というような性差別や人種差別が含まれていた（The Gurdian, 31st Jul 2021）。

同様の経験は、テニス選手のセリーナ・ウィリアムズも受けている。ウィリアムズは、2018年の全米オープンの大坂なおみとの決勝戦の試合中に、度重なるジャッジへの不信感から、審判に声を荒げ、ラケットを破壊し、涙を流しながら審判に謝罪を求めるという行為を行った（試合後、ウィリアムズはこれらの行為に対する罰金を支払うよ

う大会主催者から命じられている）。メディアは、ウィリアムズのこの一連の行為を、男性選手が同じ行為を行った時とは異なる形で否定的に報じたため、一部にはメディアを「ダブルスタンダード」だと批判する人たちもいた（The Gurdian, 10th Sep 2018）。とりわけ物議を醸したのは、オーストラリアの新聞社であるヘラルド・サンが掲載した風刺画だった。ウィリアムズの抗議をヒステリックなものとして描いたその風刺画は、あまりにも性差別的・人種差別的であった（BBC, 11th Sep 2018）。

女性アスリートのメンタルヘルス問題は、しばしば女性の身体的特徴（female-type body）との関連性を指摘されるがゆえに、性差別や人種差別に繋がりやすい。いわば、女性アスリートのメンタルヘルス問題は、性的・人種的な身体図式の上に書き込まれた社会的・文化的な産物として現れているのである。

しかしながら、女性のメンタルヘルス問題は、経験に基づく単なる偏見ではなく、科学的対象として医学や精神科学の観点から真面目に考えられてもきた。そもそも女性の精神的な錯乱状態を意味する「ヒステリー」という言葉の語源は、「子宮」を意味するギリシア語の「hustéra」に由来しており、数千年にわたって女性特有の問題として扱われてきた。そして19世紀後半ごろに、卵巣を医療の対象とする婦人科学が登場すると、欧米では多くの女性たちが「神経症」を治療するために、卵巣の摘出手術を受けさせられた（ビッグ、２０２３：１０５頁）。婦人科学は、女性の特定の行動や特徴は女性の身体的な欠陥のせいであり、医学的介入がその治療法になるという考えにもとづいて形成されたのである。そして20世紀に入ると、「神経症」に関する知識は子宮という臓器から性ホルモンとして知られる化学物質にまで拡大していく。特に内分泌学という新たな分野では、性のメッセンジャーとして、男性／女性ホルモンという物質概念が導入され、ホルモンが脳や振る舞いに影響を及ぼすという考えが科学の世界において強固となった（ビッグ、２０２３：１０６頁）。

このように女性のメンタルヘルスと子宮は、時代が進み、婦人科学に関連する分野の新たな知識やテクノロジーが登場するにつれて、より〝科学的〟に紐づけられるようになった。それはスポーツ科学の世界でも同様である。子宮に関連した女性アスリートのメンタルヘルスに関する知識の生産は、さまざまな科学的知識と経験的知識とのイントラ・アクションによって成り立っている。いまや女性アスリートのメンタルヘルスに関する知識は、スポーツ心理学のみならず、スポーツ医学や運動生理学、そしてそれらに関連するいくつかの学問分野が相互的に関わり合うなかで生産されている。さらに言えば、女性アスリートのメンタルヘルス問題は、スポーツ心理学分野よりも、スポーツ医学や運動生理学の分野の方がむしろ積極的に切り込んでいる側面がある。このことは、女性アスリートのメンタルヘルス問題がひとつの学問分野だけではその知識を生み出すことができないということ、そしてこの問題がさまざまな物質的な世界（子宮や月経、ホルモン、それを把握、分析する装置など）と結びつかなければ解明できない事柄であることを示している。

このように女子アスリートのメンタルヘルス問題を例にとってもわかるように、スポーツにおけるジェンダー問題はこれまでのような言説や表象の問題だけに留まらなくなってしまっている。ジェンダー問題をめぐる状況は、スポーツ科学と結びつき、そのネットワークを拡大するごとにより複雑なものになってしまっている。このような状況にある現代スポーツのジェンダー問題にどのように取り組む必要があるのだろうか。本稿では、その問題に取り組む一つの視点として、スポーツ科学をフェミニズムの視点から分析する「フェミニズム・スポーツ科学論」の可能性について論じてみたい。

ここで言うフェミニズム・スポーツ科学論の考え方は、ダナ・ハラウェイやサンドラ・ハーディング、カリン・クノール・セティナ、カレン・バラッドといった「フェミニズム科学論」を牽引してきた研究者たちの理論的潮流の中にある。またそのフェミニズム科学論は、科学技術と社会のインターフェイスに発生する問題について、人文・社会科学の方法論を用いて探求する学問である科学技術社会論（以下、ＳＴＳ）(1)の一分野であると同時に、ＳＴＳそれ自体の理論的発展に大きな影響を与えている。本稿では、フェミニズム・スポーツ科学論の可能性について論じるにあたり、こうしたＳＴＳの主要な視点について説明しつつ、ＳＴＳの視点を援用している批判的スポーツ研究をレビューする。そして、広範なスポーツに関するＳＴＳ研究の中でも、とりわけフェミニズム科学論に依拠した諸研究をレビューし、フェミニズム・スポーツ科学論の含意を整理する。

2．多様体としてスポーツをまなざす

近年、ＳＴＳの視座からスポーツを分析しようとする研究が増えつつある。その背景には、スポーツにおけるテクノロジーの急速な発展とその応用の拡大がある。拡大する科学技術がスポーツを含む身体活動や人間の行動、考え方にどのような影響を与えるのか、その社会的・文化的・政治的・歴史的文脈を説明するための批判的で学際的な分析を用いることが強く求められており、ＳＴＳと批判的スポーツ研究の融合が活路の一つであると考えられ始めているのである（Sterling and McDonald, 2020）。

ＳＴＳの主要な視点の一つは、科学知識や技術を価値中立的なものとしてみなす視点から私たちを遠ざけ、それらが文化的・社会的・政治的・経済的な文脈や言説の産物との能動的なプロセスにあるという見方をする新唯物論的思考にある。こうした科学知識や技術をめぐる権力関係への視座は、人間と非人間のあいだに明確な区別をつけず、それぞれの「イントラ・アクション」（2）（Barad, 2007）によって現象が構成されていくことを論じている。

このような多様体としての科学的世界は、「アッサンブラージュ」（ドゥルーズ＝ガタリ）や「ネットワーク」（ラトゥール、ウールガー、ロー）、「多（multiple）」（モル）、「認知的文化」（クノール・セティナ）、「エージェンシャル・リアリズム」（バラッド）、「状況に置かれた知」（ハラウェイ）といった用語とともに考察されてきた。これらの用語に共通するのは、自然と文化、人間と非人間を切り離すことは不可能であり、それらは日常生活の中で絡み合っているという考えである。こうした議論は、とりわけラトゥールやウールガー、ローといったアクターネットワーク理論（以下、ＡＮＴ）の研究者らによって牽引されてきた。

スポーツに関するＳＴＳの先駆的なものには、ロザリン・カーの *"Sport and Technology: An Actor-Network Theory Perspective"*（Kerr, 2016）がある。カーは、「ネットワーク」や「アッサンブラージュ」の概念を用いつつ、人間と非人間の組み合わせの、高度に個別化された不安定な特性を指摘しながら、モノ（ここではテクノロジー）の影響をたどる上でのＡＮＴの生産的な応用を検討している。それがカーの体操に関する研究である（Kerr, 2016）。カーは、例えばビデオカメラのようなモノの存在が体操のあり方に決定

的な変化を生み出しており、かつて「重要な他者」として考えられてきた（しばしば権威的な）コーチは、現代の体操のネットワークにおいては、もはや最も、あるいは唯一の重要なアクターではないことを見出している。

スポーツに関するＳＴＳとしてよりまとまったものには、スターリングとマクドナルドらによる“*Sports, Society, and Technology: Bodies, Practices, and Knowledge Production*”（Sterling and McDonald ed, 2020）がある。10章から成る本書では、ダンロップ社の帝国主義的権力関係が組み込まれた技術的発展の歴史から、近代スポーツの〝公平性〟のイデオロギーがどのように生じたのかを論じる研究や、コンタクトスポーツの「脳震盪」メカニズムに関する科学的不誠実に関する研究、データのマトリクスという新たなエージェンシーがアスリートの評価に与える影響を論じた研究、「栄養過多仮説（体重維持仮説）」などの理想化された母親の身体という狭い概念が複数の科学から偶発的に生まれたことを論じた研究、現代のアスリートの身体を支える「ホエイプロテイン」に焦点を当て、その物質に対する認知の変化を環境科学との関係から論じた研究、アメリカの大学スポーツ選手に義務付けられている鎌状赤血球形質の健康診断が、人種差別と人種差別科学の長い歴史の中にどのように組み込まれているのかを明らかにした研究などがある。

これらの研究は、スポーツの世界が決して人間のみによって成り立っているのではなく、人間と非人間のネットワークによって構成されていることを批判的に示している。こうした視点は、スポーツやスポーツ科学に対する私たちの当たり前の感覚や科学に対する価値中立的な認識を批判的に瓦解させるのに重要な役割を果たしている。

3. サイボーグ化するスポーツ：ユートピアか？ディストピアか？

スポーツに関するＳＴＳとして最もなされてきた議論は、「アスリートが自然と文化的なもののつながりをどのように交渉しているのか」に関する問題である（例えば、Butryn, 2003; Butryn and Masucci, 2003; Butryn and Masucci, 2009; Cole, 1993; Miah, 2004）。バトリンとマスッチ（Butryn and Masucci, 2009, p.287）が指摘するように、21世紀のスポーツが自然／文化の境界を越えているかどうかについては議論がある。かれらによると、いくつかのスポーツ現場／研究者の中には、スポーツを「純粋な」もの、つまり人間だけのものにし、科学技術の導入によってスポーツの人間性が汚されないようにしたいという欲望があり、それが現代のスポーツにおける二元論的議論を構成していることを指摘している。他にも、スポーツにおける遺伝子技術の応用に関する研究では、エリートスポーツにおけるパフォーマンス評価に影響を与え、スポーツにおける「自然なパフォーマンス」という認識が脅かされていることを明らかにしている（van Hilvoorde, Vos, and de Wert, 2007）。

こうした既存の二元論に挑戦するような議論を行う上で重要な概念となるのが、「サイボーグ」である。「サイボーグ」は、一般的には人間とサイバネティックな部分が共生する存在として理解されているが、フェミニズム分析やSTS、スポーツ研究におけるサイボーグへの視点では、より複雑な関係性を示唆している。たとえば、タラ・マグダリンスキーは、アスリートのサイボーグ身体が、現代のエリートスポーツのパラドックスを象徴する緊張関係から生まれることを指摘している（Magdalinski, 2008）。現代のスポーツにおける驚異的な人間のパフォーマンスを追求するためにはテクノロジーの進歩と統合が必要であるが、その過程で有機的なもの（人間に帰属する）と無機的なもの（テクノロジーに帰属する）との間の推定上の区別に挑戦しうるさまざまなサイボーグ身体が生み出される。たとえば、オスカー・ピストリウスやマルクス・レームに関するいくつかの研究（Norman and Moola, 2011、山本、２０２０、渡、２０２１など）では、サイボーグが人間と機械との間の推定された二項対立をどのように問題化するかに焦点を当て、スポーツの文脈において、一般的に「自然」な身体と想定されているものが、実際には科学、技術、肉体の複雑な融合であることを指摘している。

しかしながら、「サイボーグ」概念の問題提起は、人間が自然か文化かという二項対立の議論のみに限らない。スポーツにおけるサイボーグの分析は、身体化されたエージェンシーの再考という点では説得力があるが、「サイボーグ」論の理論的源流であるダナ・ハラウェイが規定したものからは大きなギャップがある。

ハラウェイは、人間がすでにサイボーグであることを認め、説明するだけでなく、それらが社会や政治とどのように結びついているのかを問うことが重要であることを指摘している（ハラウェイ、２０００）。ハラウェイとって、サイボーグの重要性は、人間以外も含むエージェンシー間の差異を明確にするために使われる性別のような二元的なカテゴリーを脱臼させるだけでなく、家父長制や帝国主義などのより広範な既存の社会モデルとの断絶と破壊の証拠であるということ、それゆえに固有の属性に基づく二元論的主張を拒絶することが可能になることにある。つまり、サイボーグは、「二元論の迷路から抜け出す方法」（ハラウェイ、２０００：１８１頁）となるのである。クッテ・ヨンソンは、このハラウェイの主張に基づいて、スポーツにおけるテクノロジーの発展が、ジェンダーの根底を崩し、新しいタイプのアスリート、つまりジェンダーにとらわれないサイボーグ・アスリートの誕生につながる可能性について論じている（Jönsson, 2010）。

しかしながら、スポーツやスポーツ文化におけるジェンダー構造は強固である。それゆえに、現代のスポーツの科学技術は、ハラウェイのいう「サイボーグ」へと私たちを導くというよりも、高アンドロゲン症の女性アスリートを苦しめているセックステストがそうであるように、むしろ既存の性／ジェンダーを新しい形で強化／再構築する可能性が高い。「機械と生物の差異は徹底的に曖昧である」（ハラウェイ、２０００：１６５頁）はずだが、現代のスポーツ科学の世界は、機械（＝科学技術）によってアスリートたちを徹底的に「〝自然〟な人間［Man］」につなぎとめようとしているのである。スポーツの世界のサイボーグ化が、近代社会以来の二元論や家父長制をいかに解体するのかを考えることも必要ではあるが、その背後に隠れつつ、既存のジェンダー体制を強化／再構築するサイボーグ化にも私たちは目を向けなければならない。

4．科学知識の生産と社会的不平等

ＳＴＳおいてもう一つの重要な問いは、「科学はいかにして知識を生産するのか」というものである。科学技術やそれを取り巻く知識は、「実験室」から生まれてくる。それゆえ「実験室」はＳＴＳの重要な対象であり、実験室における人間と非人間の結びつきがいかなる知識を生産するのかが主な論点となる（ラトゥール・ウールガー、２０２１）。

ここでいう「実験室」は、かならずしも「実験が行われる現場」のみを指すわけではない。カリン・クノール・セティナは、知識生産には、「知識が生まれ、流通し、接近し、集合的に認識される論理や取り決め」などの知識を創造し保証するあらゆる文化的営みが関与していると述べ、そうした営みを「認知的文化」と表現する（Knorr Cetina, 1999）。クノール・セティナは、この概念を用いつつ、知識生産において、どのような認知的文化がいかに機能しているのか、どのような原理が知識生産の認知的・手続き的方向づけに影響を与えているのかに注目している。

また重要なことは、ＳＴＳは知識生産のプロセスのみを追うわけではないということにある。フェミニスト科学論者のサンドラ・ハーディングが述べたように、科学のなかにはいくつもの社会的不平等が存在しており、そうした不平等がいかに科学的に生産されるのか、不平等をどのように是正すべきかについても取り組まなければならない（ハーディング、２００９）。科学は、質的研究であれ、量的研究であれ、混合研究であれ、あるいはその他の研究であれ、真実を明らかにすることだけに関心を持つ中立的な領域であると考えられがちである。しかし、ハーディングは、資金を提供され、実施され、書かれるという科学的実践の方法と過程にはバイアスがあると指摘する。このバイアスは、研究の優先順位、結果の解釈、情報の提供方法、あるいは新たな研究の方向性に影響を与えると考えられている。

また科学は一般的に、白人男性のために、白人男性によって、白人男性を念頭に置いて行われている。フェミニスト科学論者たちは、このことを「科学の（白人）男性中心主義（androcentrism of science）」と呼ぶ。白人男性にとって特別な関心を引く可能性のある科学の形態は、他の集団には当てはまらない結果をもたらし、有害な実践をもたらし、科学が性差別、人種差別、その他の偏見を永続させる可能性がある。それゆえにハーディングは、研究によって生み出された知識それ自体と、その知識がどのように生み出されたかを批判的に振り返る「科学の科学」を行うことが必要となると主張している（ハーディング、２００９）。

スポーツに関するＳＴＳの研究者たちは、こうした知識生産のプロセスを対象とした理論的研究に立脚しつつ、スポーツ科学における知識生産や、その生産過程のなかに現れる不平等が、人種、ジェンダー、階級、セクシュアリティといった支配的なイデオロギーに根ざした身体に関する概念を（再）生産ないし強化していることに取り組んでいる。その中でも、とりわけフェミニスト科学論を理論的基盤に置く最近の研究では、スポーツ科学が「人間と非人間の身体、影響、対象、実践の間のもつれを通じて、『物質』がどのように考えられ、構成されるのか」に注意を払う必要性を強調している（Fullagar, 2017: 248）。

例えば、シャノン・ジェットとカテリン・エスモンド（Jette and Esmonde, 2020）は、アネマリー・モルの概念を用いて、出産前の女性たちの運動が社会的・政治的・物質的に重要な意味を持つようになる複数の方法をマッピングしている。特に、医療の文脈で出産前の身体がどのように理解されているのか、また「栄養過多仮説」の特権化がさまざまな科学的説明を通していかに行われ、理想化された母親の身体という狭い概念が、どのようにして利用可能な複数の可能性から生まれるのかが考察されている。

またマドレーヌ・ペイプ（Pape, 2020）の研究では、現代の強力な医学的言説が、ホルモンなどの微細な物質と結びつくことでアスリートのジェンダーを検証するという欠陥のある試みがより強化されてきていることを指摘している（Pape, 2020）。ペイプは、セックステストとテストステロンに関する複雑な認識論に挑戦し、これらの知識がいかに「未完成の科学（undone science）」として使用されているのかを暴いている。そのためにペイプは、アスリート、コーチ、マネージャー、メディア関係者、大会関係者を含む国際的な陸上競技関係者へのインタビューをもとに、エリートスポーツのコミュニティが、高アンドロゲン症の女性アスリートを規制しようとする組織的試みをどのように理解しているかを検証した。この研究が特に着目したのは、利害関係者が代替的な知の方法に抵抗し、二元的な性への認識論的コミットメントを守る制度的プロセスが生まれたのかという点である。この視点は、無知の社会的構築をめぐる学問（アグノトロジー）の発展の影響を受けている。ペイプの研究は、スポーツの科学技術の発展がジェンダー平等を推進するのではなく、むしろ既存の社会的・政治的関係に組み込まれているために、ジェンダーの社会的不平等を増進させていること、つまりスポーツ科学が価値中立ではないことを論じているのである。

エスモンドとジェッテ、ペイプのように、フェミニスト科学論では、言説と人間の経験の特権化を問題視している。言語は、必ずしも意味づけの主要な様式ではないし、人間が主体性を構成する主要かつ唯一の実行者でもない。

もちろん、フェミニズム科学論の重要性は、もしかすれば誇張されすぎているかもしれないが、それでもかれらは、スポーツや身体文化の研究に有用かもしれない多くの物質―記号論的アプローチを提供する分野としてＳＴＳの可能性を強調しているのである。

5．フェミニズム・スポーツ科学論が拓く世界

本稿ではフェミニズム・スポーツ科学論の可能性について論じるために、ＳＴＳの主要な視点について説明しつつ、スポーツに関するＳＴＳ研究やフェミニズム科学論に依拠したスポーツ研究をレビューしてきた。フェミニズム・スポーツ科学論は、科学、技術、社会を区別するのではなく、それらのイントラ・アクションを射程に入れる。その範囲と領域は多様であり、もはや女性やジェンダーのみが中心的な関心事として強調しない。フェミニズム・スポーツ科学論は、より広範な女性学やジェンダー研究と同様に、権力、政治、差異、不平等の（再）生産に、人間以外を含むさまざまな主体やそれらとの関係がどのように寄与しているかを問うための視座と方法を提供しているのである（Henne, 2020: 194）。

こうした視座を持った研究は、女性アスリートをめぐる科学研究が盛んに行われるようになった現代社会においてより重要性を増している。実は、日本における女性スポーツに関する科学研究は２０１３年頃から高まり始めた。その背景には、東京オリンピックの招致決定とそれに伴う「女性アスリートの戦略的強化プロジェクト」の開始がある。スポーツ庁は、日本のメダル獲得のために女性アスリートを対象とする研究資金をこれまでにない規模で投入したのである。本稿の冒頭で述べた女性アスリートのメンタルヘルスと子宮をめぐる問題は、まさにそのプロジェクトの中心的課題であり、多くの研究者がそれらをキーワードとする研究プロジェクトを推進した。

現在、スポーツの科学技術をめぐる状況は日進月歩で変化している。この加速度的な状況の中で、スポーツとジェンダーの複雑な問題が生み出されているのである。私たちは、こうしたスポーツの新たな局面に向き合うために、フェミニズム・スポーツ科学論を一つの切り口にする必要があるだろう。

（明治大学）

【注】

（1）ＳＴＳは、Science, Technology and Society の略語として用いられてきたが、近年では Science and Technology Studies の略語として使用されることが一般的となっている。そのため、ＳＴＳの日本語訳は「科学技術論」と表記すべきだが、日本では「科学技術社会論」と表記することが通例となっているため、本稿では「科学技術社会論」と表記した。

（2）「イントラ・アクション intra-action」は、フェミニズム科学論をリードするカレン・バラッドが用いた概念である。バラッドは、「相互作用 interaction」という語を、相互作用に先立つ分離された個体的要素を前提とするものとして退ける。これに対して「イントラ - アクション」は相互作用と異なり、他に先立つ個体的エージェンシーをもたず、むしろそこから諸々のエージェンシーが現出するような「もつれあうエージェンシーたちの相互的構成」の存在論的次元である（Barad, 2007: 33）。

【文献】

Barad, K. (2007) Meeting the Universe Halfway: Quantum Physics and the Entanglement of Matter and Meaning. Durham, North Carolina: Duke University Press.

BBC News“Serena Williams: Cartoonist denies US Open depiction is racist” 11th Sep 2018.

Butryn, T. M. , & Masucci, M. A. (2003) It’s not about the book: A cyborg counternarrative of Lance Armstrong. Journal of Sport & Social Issues, 27 (2), 124-144.

Butryn, T. M., & Masucci, M. A. (2009) Traversing the matrix: Cyborg athletes, technology and the environment. Journal of Sport & Social Issues, 33 (3), 258-307.

Cole, C. L. (1993) Resisting the canon: Feminist cultural studies, sport and technologies of the body. Journal of Sport & Social Issues, 17 (2), 77-97.

Fullagar, S. (2017) Post - qualitative inquiry and the new materialist turn: Implications for sport, health and physical culture research. Qualitative Research in Sport, Exercise and Health, 9 (2), 247-257.

ハラウェイ、ダナ：高橋さきの訳（２０００）『猿と女とサイボーグ――自然の再発明』青土社。

ハーディング、サンドラ：森永康子訳（２００９）『科学と社会的不平等：フェミニズム、ポストコロニアリズムからの科学批判』北大路書房。

Henne, K. (2015) Testing for athlete citizenship: Regulating doping and sex in sport. New Brunswick, NJ: Rutgers University.

van Hilvoorde, I., Vos, R. and de Wert, G. (2007) Flopping, Klapping and Gene Doping: Dichotomies between ‘Natural’ and ‘Artificial’ in Elite Sport. Social Studies of Science 37(2), pp.173-200.

Jette, S. and Esmonde K. (2020) The (In)Active Body Multiple: An Examination of How Prenatal Exercise ‘Matters’ In Sterling, J. and McDonald, M. (ed) “Sports, Society and Technology: Bodies, Practices and Knowledge Production” Palgrave Macmillan. pp.195-217.

Jönsson, K. (2007) Who’s afraid of Stella Walsh? On gender, ‘gene cheaters’, and the promises of cyborg athletes. Sport, Ethics and Philosophy 1(2), pp.239-262.

Kerr, R. (2016) Sport and technology: An actor - network theory perspective. Manchester: Manchester University Press .

Knorr Cetina, K. (1999) Epistemic Cultures: How the Sciences Make Knowledge. Harvard University Press.

ラトゥール、ブリュノ・ウールガー、スティーヴ：立石裕二・森下翔監訳（２０２１）『ラボラトリー・ライフ：科学的事実の構築』ナカニシヤ出版。

Magdalinski, T. (2008) Sport, technology, and the body: The nature of performance. London: Routledge.

Sterling, J. and McDonald, M. (ed) "Sports, Society and Technology: Bodies, Practices and Knowledge Production" Palgrave Macmillan.

Miah, A. (2004) Genetically modified athletes: Biomedical ethics, gene doping and sport. London: Routledge.

Norman, M. E., & Moola, F. (2011) 'Bladerunner or boundary runner'?: Oscar Pistorius, cyborg transgressions and strategies of containment. Sport in Society , 14 (9), 1265-1279.

Pape, M. (2020) Ignorance and the Gender Binary: Resisting Complex Epistemologies of Sex and Testosterone. In Sterling, J. and McDonald, M. (ed)"Sports, Society and Technology: Bodies, Practices and Knowledge Production" Palgrave Macmillan. pp.219-245.

The Gurdian"Think winning Olympic gold is tough? Try doing it while coping with racism"31st Jul 2021.

The Gurdian "Serena Williams again bears brunt of double standards in tennis" 10th Sep 2018.

渡正（２０２１）「スポーツにおける身体の範囲」『文化人類学研究』21、37‐53頁。

山本敦久（２０２０）『ポスト・スポーツの時代』岩波書店。

東南アジアにおけるスポーツとジェンダー

野口亜弥

1. はじめに

東京2020オリンピック・パラリンピック競技大会の開催に向けて動き出した様々な取り組みを契機に、日本のスポーツ国際協力事業である、スポーツ・フォー・トゥモローが本格化した。スポーツ・フォー・トゥモローの名の下に、日本政府と東南アジア諸国連合（以下、ASEAN）は、2017年に「第1回日ASEANスポーツ大臣会合」を開催。日本政府からASEAN10カ国に対するスポーツ分野の協力事業として、「体育・指導者の育成」「女性スポーツ実施率の向上」「障がい者スポーツの発展」「アンチドーピングに関する能力開発」を優先的に実施していくことが、日本政府とASEAN10カ国政府との間で合意がなされた（スポーツ庁、2017）。

こうした日本政府のスポーツ国際協力の取り組みだけでなく、21世紀に入り国際開発とスポーツが急速に接近し、開発のためのスポーツ（Sport for Development）や開発と平和のためのスポーツ（SDP：Sport for Development and Peace）などと呼ばれ、各所で取り組まれるようになった。国連が２０００年から２０１５年までの目標として掲げてきたミレニアム開発目標（ＭＤＧｓ：Millennium Development Goals）や、ＭＤＧｓをアップデートする形で、２０１５年から２０３０年までの目標として掲げられている持続可能な開発目標（ＳＤＧｓ：Sustainable Development Goals）を達成するためのツールとしてスポーツの活用が注目されるようになる一方で、開発のためのスポーツ分野の隆盛は、結局これまでと変わらず、そもそも19世紀のヨーロッパで発祥した「近代スポーツ」が、より国際化していくという新たな局面に過ぎず、決してスポーツの新たな価値にスポットライトが当たるようなものではないという見方もされている。Giulianotti（２０１０）は、近代スポーツの国際化を3つの局面に整理している。最初の局面は新植民地主義と文明化の時代である。18世紀後半から20世紀半ばにかけて、植民地プロジェクトとしてスポーツが非植民地国に輸入され、その国を西洋化するための道具とて利用された（Giulianotti, 2010）。局面2はナショナリズム、ポストコロニアリズム、開発の時代で１９４０年から１９９０年頃がその期間となる。植民地支配から独立した国が増える中で、国際オリンピック委員会や国際サッカー連盟が植民地支配から独立した国々を取り込むために開発プロジェクトを実施し、助成金を出してスポーツのグローバル展開を実施した。また、独立した国々も植民地支配からの抵抗を示すために近代スポーツを活用していった時代でもある（Giulianotti, 2010）。そして局面3が、１９９０年代半ばごろから現在まで続く、開発と平和のためのスポーツの時代である。国際課題の解決の手段として、開発のツールとしてスポーツが導入さるようになり、アフリカやインドなどの南アジアを中心にスポーツを専門に扱うＮＧＯや非営利団体が多く設立された。貧困やジェンダー平等、障がい者の社会的包摂、子どもやユースの育成、エンパワーメントのツールとしてスポーツを活用したプロジェクトがグローバルノースからの資金援助を受けて実施されるようになった（Giulianotti, 2010）。これによりこれまでスポーツにアクセスすることが困難であった貧困地域や障がい者、女性や女児たちがアクセスできるスポーツのプログラムが拡大した。

このような開発のためのスポーツという潮流に合わせて、グローバルサウスの国々でスポーツにアクセスすることが難しかった低所得者層や女性、障がい者にもスポーツの機会が拡大した。しかしスポーツを活用してその地域の課題に取り組むプロジェクトが増えていく中で、ジェンダー課題に対するSDPのプログラムに批判的考察も見られるようになった。Hayhurst（2011、2014）は、ジェンダーの課題は社会的、文化的、宗教的な影響を受けるため、現地で女性たちが置かれている状況や、女性が直面する課題やその要因も異なる。にもかかわらずスポーツを活用してジェンダー課題へ取り組むプロジェクトは、ヨーロッパを中心としたアプローチで画一的であり、現地の女性や女児が置かれている状況に必ずしも即していない。その地域に従来からあるジェンダー規範と、植民地時代にもたらされた西洋のジェンダー規範が混ざり合うことで、女性たちが文化、社会、宗教的な影響をどのように受けているのかを考慮する、ポストコロニアルフェミニズムの視点に立ったアプローチの必要性が指摘されている。加えて、これまでも開発社会学の中で批判されてきたことであるが、開発におけるジェンダー課題へのアプローチが欧米の文脈の中で蓄積されてきた理論がベースとなっていることも考慮する必要がある。

上述したことを踏まえ、本稿では、東南アジアのスポーツ現場で見られるジェンダー規範を題材とし、開発におけるジェンダー分野の先行研究に触れながら、ジェンダー課題が国際開発の中ででどのように議論され、それが東南アジアの文化、社会的な特徴の中でどのように受け入れられているのか概観する。その際に、ジェンダー課題とも密接に結びつく、SOGIESC（1）に関する権利にも触れながら特にスポーツの現場でみられるジェンダー規範をタイやマレーシアを中心に考察する。

2. ジェンダーと開発

ジェンダーの概念は1970年代ごろから用いられるようになった。生物学的な性差を「セックス」、社会、文化的な性差を「ジェンダー」として区別することで、家事・育児といった女性の家庭内での役割が生物学的な属性から規定された「当たり前のこと」ではなく、社会・文化的な性差としてみることに成功した。時代とともに変動する社会や多様な文化的要因がジェンダーを決める要素であることが明確に認識できるようになり、性別に関することの多様性・多層性・多義性の認識に大きく貢献したと言われている。資本主義が発展する前は、生産活動も家事・育児といった再生産活動も家庭内で行われてきたが、生産活動は家庭の外に出され、家事・育児といった再生産活動だけが家庭内に残り、家庭の外の生産活動を男性が担うことで、男性を中心に社会が発展した。一方でその発展を支えたのが、家庭内での女性の無償労働であり、それが資本主義経済を支えているメカニズムであった（ダラ・コスタ、1986）。また、デルフィ（1984）やバトラー（1990）は、社会が異性愛主義を中心とした、ジェンダー二元論を要請するものであることを明らかにした。世の中には「男」と「女」の2つのカテゴリーしか存在しないという文化的知識の前提によって「男」と「女」に人々は分類され、異性愛のマトリクスがジェンダー二元論を要請し、女性が家庭内での性別役割分業に縛られ、経済参画や政治への参画ができないという社会的な構造が指摘されてきた。さらにウィークス（1986）は、異性愛を「正常」とし、同性愛を「異常」とする考え方は、18世紀から19世紀にかけて近代国家の樹立及び発展と共に定義されてきたと述べている。

こうした1970年頃から論じられるようになったジェンダーの概念が、開発の文脈中に登場し、その論じられ方に変化が見られるようになったのは、1980年ごろである。1960年頃から国際開発の中で「女性」が直面する問題について取り上げられるようになったが、経済発展を中心とした開発における女性の役割を正当に見直し、女性を開発に参画する主体として取り込むWomen in Development（WID）のアプローチがなされるようになった。WIDのアプローチは女性のみの状況改善に焦点があてられ、女性を取り巻く家族・親族間、地域社会の構造や制度は軽視されてきたと指摘され、女性が置かれている状況や男女の権力差に変革を与えるアプローチではなかった。男女の権力格差や家庭内の性別役割分業の変革なしに女性のみを支援しようとしたために、女性を孤立させてしまうこととなった（田中、2002）。こうしたWIDアプローチの反省も踏まえ、1980年代頃から注目されるようになったのが「Gender and Development：GAD」のアプローチである。GADアプローチは、開発の焦点が女性のみであった以前までを見直し、男女の社会的関係性に焦点を移し、それを変化させることにより、弱い立場にいる者が発言権を獲得していく「エンパワーメント」を通じて、制度や政策を変化させることを試みるアプローチである。つまり「ジェンダー」を階級、人種などと並ぶ分析概念の一つとして捉え、男女の従属関係の変革を目指す。また、1970年代から1980年代にかけて、帝国主義支配によってもたらされた、西洋規範が現地の伝統文化と混ざり合うことで生じる交渉や解釈を分析するポストコロニアル理論を、もう一度フェミニズムの視点で捉えなおす、ポストコロニアルフェミニズム理論も注目された。つまり現地の女性たちを取り巻く、階級、社会構造、文化規範、経済をしっかりと考慮した上で、現地のジェンダー規範を捉える必要性が指摘されるようになった（ピルチャー、ウィルハン、2004）。こうした開発におけるジェンダー課題の潮流の中で、1995年に第4回世界女性会議（北京）が開催された。この会議がジェンダーの概念をめぐる論争の場となったことは有名である。同会議の成果文章である北京行動綱領で示された「ジェンダーの主流化」は、グローバルサウスの活動家から問題の中心を女性から女性と男性に移行させるものであるとの指摘がなされた。また、カトリックやイスラム原理主義者、伝統的プロテスタントなどの保守派は、ジェンダーの概念が過激で、家族のあり方に敵対的なものであり、性別は生物学的な性差で決まるという現実を脅かすことになると批判がなされた（大沢、2002）。

上述してきたように、国際開発におけるジェンダー課題のアプローチは、ジェンダーの概念を用いて女性を家庭内の性別役割分業から解放すること、そして男女の権力格差の変革を試み社会的に弱い立場に置かれているものが声を上げるエンパワーメントへと変遷し、焦点が当てられてきたが、グローバルサウスの国々では、ジェンダーの概念は家族の在り方を揺るがす概念として懸念もされている。また上述の指摘の通り、ポストコロニアルフェミニズム論に依拠し、帝国主義支配によって西洋のジェンダー規範がグローバルサウスの国々に入り、現地の伝統的ジェンダー規範と混ざり合うことで現地の女性や女児がどのような状況に置かれているのか。さらには資本主義社会の下、グローバル化が加速化することで、グローバルノースの価値観や規範が現地の人々にどのような影響を与えているのかという分析は引き続き進めていく必要があるだろう。

3. SOGIESCに関するの権利と開発

続いてSOGIESCに関する権利についても、国際的な議論と開発との関係性を概観していく。SOGIESCの中でも性的指向（SO：Sexual Orientation）と性自認（GI：Gender Identity）に関する議論は1990年代から国際会議の中で徐々にされてきた。2006年にインドネシアのジョグジャカルタに専門家が集まり国際法の中にどのようにSOGIに関する人権が適用できるのかがまとめられたジョグジャカルタ宣言が承認された。2017年には、そこに性表現（GE：Gender Expression）と身体の性的特徴（SC：Sex Characteristics）が加えられてSOGIESCとなり、改めて権利としてアップデートされた「ジョグジャカルタ原則プラス10」が発表された（The Yogyakarta Principles, 2006）。しかしながら、開発の中ではなかなかSOGIESCに関する権利が位置づけられてこなかった。2016年には、国際連合人権理事会（UNHRC）の中にSOGIに関する独立した専門家を3年の任期で設置することが決定され取り組みが推進されたが、中東のサウジアラビアを中心にイスラム国家から文化の多様性に対する理解を求める声が上がり、反対や棄権の声も多く上がった（UNHRC, 2016）。ロシアも同会議の中でSOGIの人権については、国際的に定めることではないと主張し、SOGIの人権擁護の議論には不明瞭な権力が働いていると主張している（UNHRC, 2016）。UN WomenはUNHCRへの支援表明や5月17日の、International Day Against Homophobia, Transphobia and Biphobia（IDAHOT）に合わせて、UN WomenのSOGIESCの権利に関する意志の表面をしているものの、具体的に開発政策の中にSOGIESCをどのように組み込むのか指針は示されてこなかった（UN Women, 2020）。ジェンダー課題の中でSOGIESCに関する権利が議論することが難しい原因の1つとして1990年代にSOGIESCに関する「人権」を求める運動が加速し、宗教的な価値観やグローバルサウスの伝統的なジェンダーやセクシュアリティの捉え方と、西洋規範のグローバルムーブメントとの間に齟齬が生じたことが挙げられる（Velasco, 2018）。こうした中で、グローバルサウスの政治家が国際的な議論への対応として国内での政策的優先順位が高くないにも関わらず、SOGIESCに関する政策を進めていることが指摘されている（Weiss and Bosia, 2013）。国家の開発を諸外国からの開発援助に頼る国ほど、西洋規範の影響が色濃い国際的なＳＯＧＩＥＳＣのグローバルムーブメントの影響を受けやすいという傾向がある。そのため、グローバルサウスの政治家の中には国民からの賛同を受けようと「政治的ホモフォビア」になるケースも見られている（Weiss and Bosia, 2013）。また国際社会において、ＳＯＧＩＥＳＣへの注目が高まれば高まるほど、イラン、ナイジェリア、東ヨーロッパなどの非西洋諸国から性的マイノリティのコミュニティに対するバックラッシュが強くなり、法律も厳しくなっていることが確認されている（Long, 2005）。Velsco（２０１８）は西洋のジェンダー・セクシュアリティの捉え方で展開する昨今のＳＯＧＩＥＳＣに関する権利の議論は画一的で必ずしも現地の状況を捉えておらず、人権啓発団体は文化や地域の捉え方の違いに対して、深い配慮をしていないと指摘し、西洋諸国が「人権」という名目で非西洋諸国に圧力をかけているとの指摘も示している（Velsco, 2018）。

このように、前節で述べたジェンダーの概念も、今節で述べたＳＯＧＩＥＳＣに関する権利も、グローバルサウスの国々の家族の在り方に影響を及ぼすものとして国際開発における政治的な議論が進まない。その要因として伝統的な家族の在り方に特権を得ている人々の存在や男女の権力格差も決して無視はできないが、宗教や社会規範によって女性自身が家庭内でその役割を担うことに積極的である様子も見られている。グローバルサウスでは、「家族」「親族」が、その人個人が生きていくための共同体として、安全をもたらす働きをしていることが先行研究から明らかになっている。例えば、フリードマン（１９９２）は「私的」な空間でも「公的」な空間でもない、生活空間（なわばり：Territory）の中で経済活動や政治活動が行われていて、この空間での人格が自己の人格にも影響を与えていると述べている。この生活空間（なわばり）が個人にとって経済的にも社会的にもセーフスペースを個人に提供している。インドで女性のエンパワーメントについて研究しているKabeer（２０１１、２０１２）は、Herbermas の「“I” becomes an “I” only among a “we”, in a community of speech and action.（共同体の中の発言や行動において『私』は『私たち』の中にいる時のみ『私』になる）を引用しながら、エンパワーメントされるグローバルサウスの個人は、家族や親族関係、個々人の生活に密接した所属集団から離れた存在ではなく、所属集団は人々のアイデンティティの一部として個人に内在するものであり、個人とは切り離された存在ではないとしている。つまり自身のセーフスペースとなる生活空間である家族や親族が自身のアイデンティティの一部として個人に内在し、個人の意思決定に影響を与えているのである。Druker（2018）はグローバルサウスの性的マイノリティの当事者と家族の関係について述べた論文の中で、開発途上国の人々は家族や親族、同じ民族や宗教でつながるネットワークを頼りにしているために、そのつながりが壊れることがより人生において損害が大きい。そのため性的マイノリティの人々は家族や所属するコミュニティとの関係性を崩さない方法を探し、同性のパートナーを友人として家族の中に招き入れることなどもしていると述べている。

4．東南アジアのジェンダー・セクシュアリティの動向

上記を踏まえて東南アジアに目を向けてみる。東南アジアといっても10カ国あり、国によって、また国の中でも宗教や経済レベルも様々であるため、一括りにすることはできないことはあらかじめここで述べておく。それを踏まえた上で、ここではタイとマレーシアを中心に先行研究に触れながら考察をしていく。

タイでもマレーシアでも「男性らしさ」「女性らしさ」のジェンダー規範が強く、加えて女性も男性も同等の権利を有している認識が高い。国民の94％が仏教徒であるタイでは、父性と母性には本質的な差異がはっきりあるという社会通念を保持している（花見，1995）。仏教の教えに、子どもの最初の教育者としての母親の名誉と尊厳があり、特に僧侶になることができない女性が実践できる唯一の徳は家族に食事を与えることであるとされ、息子が母親のために出家することも多くみられる（Thaweesit, 2004）。また、タイでは1935年に近代家族法が制定され、男性を家長とし、父や夫への女性の服従を合法化する一夫一妻制度が制定された。イギリスのビクトリア王朝時代の社会システムを模した「タイ式家父長制」と言える（田村，2018）。またマレーシアでは、第二次世界大戦後、共産的で集合的なアジア的価値が政府によって推し進められ、個人より

も集団の利益、個々人の興味関心よりも、集団の調和が重んじられ、権力や家族との関わりや忠誠が強化された（Stivens, 2006）。１９８０年代頃から隆盛した非近代化はイスラム的な家族的価値を見直すきっかけとなり、マレーシアの女性は、個人としての役割ではなく、家族集団における母としての役割を負うこととなった。コーランにも女性の価値として母として子を産み育てることは記載されている。その一方で、女性の能力を最大限発揮することも歓迎されているため、マレーシアでは、近代化に伴い西洋から導入された私的空間、公的空間の概念が労働現場における女性の進出を妨げることはなかった。しかし、同時に家庭の母として、妻としての役割も軽減されることはなかったことも特徴的である（Stivens, 2006）。

このように、タイやマレーシアにおいて、宗教的には男性と女性の尊厳や権利は同等だとの認識があるからこそ、女性の経済参画、社会参画は歓迎される。一方で、本質的な違いがあるという価値観が社会通念として存在し、母として子を産み育てることは女性が持つ価値や尊厳としても捉えられている。そこに、第二次世界大戦後の政治的なイデオロギーによって、家庭内における男性と女性の役割が区別され、女性自身も家族やコミュニティにおける自身の役割を全うすることを望む傾向がある。ジェンダー平等が謳われ、女性の経済参画や社会参画が歓迎されるようになったが、家庭内の家事や育児も女性が担い、その役割を担うことができれば、女性の経済参画や社会参画が妨げられないという構造も見られる。

このような男女の社会・文化的な性差や男女の役割規範が、家庭内や生活空間とされるコミュニティ内で重要視される傾向は、性的マイノリティの人々の在り方にも表れている。タイでは、１９７０年以降の近代化による都市化と工業化に伴い、女性同士の恋愛が発展しやすい環境が生まれた。「トム（Tom）」とトムに恋愛感情を抱く女性「ディー（Dee）」という関係が見られ、サブカルチャー化して発展したが、この「トム」と「ディー」は、生物学的な同性同士によるホモセクシュアルな関係性ではなく、社会・文化的な性差である「ジェンダー」が異なる者同士の関係性として見られ、「男性」としての社会・文化的役割を持つ者と、「女性」としての社会・文化的役割を持つ者同士の関係性だと分析されている（Sinnott, 2004）。また、自身の性自認や性的指向ではなく、社会・文化的な性差、性別による役割に焦点が当てられている様子は他の東南アジアの国々でも見られる。インドネシアのレズビアンを研究したBlackwoodもボーイッシュなTomboisとTomboisを恋愛対象とするlesbiの関係性の中にも、タイのトムとディと同様に、異なるジェンダーを持つ者同士の関係性が見てとれ、男女の役割認識が見られることから、ホモセクシャルな関係である欧米のトムボーイとレズビアンの表象とは異なると指摘をしている（Blackwood, 2010）。また、フィリピンにおいて「男の体に女の心」と言われる「バクラ」について研究したGarciaも、「バクラ」を欧米のホモセクシュアルな文脈で捉えることを危惧し、所作や言葉遣い、服装で「女性の心」を表現しているとした（Garcia, 2008）。ここでも性自認や性的指向よりも、その社会やコミュニティの中で「女性」としての社会・文化的な役割を果たしていることに注目がされていることが分かる。このように、個人の性自認や性的指向よりも、その家庭やコミュニティの中で自身を位置づけることが東南アジアの文化において重要であることが伺える（山本、２０１８）。

ここまで見てきたように、タイやマレーシアにおいて、女性の経済・社会参画が促され、また女性が家庭内の家事・育児を全うしようとすることは、それが家庭内や生活空間としてのコミュニティにおける女性の役割であり、その役割を担うことで女性自身も安全や安心を獲得している側面も考えられる。また、性自認や性的指向よりも、社会・文化的な性差やそのコミュニティの中での個人の「役割」が注目される性的マイノリティの在り方は、個人が所属するコミュニティの中でその個人の役割が重要とされるという、フリードマンやKabeerの先行研究とも合致している。こうした東南アジアの文脈の中で、東南アジアの国々のスポーツ現場に見られるジェンダー規範はどういったものなのだろうか。

5. 東南アジアのジェンダーとスポーツ

東南アジアのスポーツ現場に見られるジェンダー規範に関する研究について整理してみる。スポーツ現場における性的マイノリティの人々の先行研究はこれまであまりみられないことから、女性のスポーツ参加やスポーツ現場におけるジェンダー規範を中心に概観する。まずマレーシアにおいて、スポーツへの参加は男女ともに制限がされているわけではない。Hanlon et al.（2019）は、マレーシア人の運動参加における阻害要因として家事とのバランスが難しいことをあげており、配偶者からのサポートを多く受けることができれば、より運動プログラムに参加できると言及している。また、女性が参加しやすい時間帯にプログラムがないことや、用具が男性向きなものしかないこともスポーツ参加の阻害要因としてあげている。Roya and Ryba（2012）は、ムスリムの規範として、女性は感情をコントロールすることを求められるため、喜びや楽しさの表現は制限されることがあり、また、自身のボディイメージに対する恥ずかしさから運動プログラムから遠ざかることもあることを明らかにした。次にタイの女性ムエタイ選手を対象とした、Davies と Deckert（2020）の研究では、強さは美しさの中にあるとし、女性のムエタイ選手自身が、ムエタイという競技に向き合う場が「美しさ」、「人間関係」、「従属的」といった伝統的な「女性さしさ」と、スポーツで獲得できる「強さ」の両立を模索する新しい「女性らしさ」を探求する場になっていると明らかにした。また、タイのスポーツ政策立案者は男女の平等なスポーツへの参画は人権として保障されるべきだとの認識がある一方で、女性が平等にスポーツに参画できていない要因を、女性の認識の低さ、能力不足、時間の無さなどいった女性個人の問題と捉えられているだけでなく、男性中心にスポーツが発展してきたからこそ男性の方がスポーツに向いている、男性の方が環境が整っているという歴史的な問題だと捉えられていることも明らかになり、男性中心で発展してきたスポーツ界に内在する男女の権力格差やそこから起因する構造的不平等が見過ごされていると指摘されている（野口、2021）。また、成城大学スポーツとジェンダー平等国際研究センター（以下、「SGE」とする）が、インドネシア、ベトナム、フィリピンで実施した調査においても、先のタイやマレーシアについて言及したものと類似した調査結果が見られた。例えばインドネシアやベトナムでは、女性は結婚と出産をし、家事や育児を行うことが良き妻の役割で、それを全うすることが求められている。さらに容姿の美しさを維持することも「女性らしさ」として期待されていた。家庭内での意思決定者は大人の男性であり、妻や娘がスポーツに参加することは大人の男性の影響を大きく受ける。女性がスポーツを継続するためには、好成績を出して奨学金を獲得するすなど、高等教育の機会やその後の生産活動につながる成果を見せなければ、家族からスポーツをすることを認めてもらうことができない状況も明らかとなった。スポーツ現場において男性を基準に何事も評価がされ、女性は男性以上にスポーツを継続する努力が必要なこと、女性リーダーの不足や女性が参加できる競技会の不足、予算配分の不足は男性中心で発展したスポーツの歴史と女性個人の問題に原因が集約しているとの認識がみられた（SGE, 2024）。またフィリピンにおいても類似の状況が確認できた。地域によって差があるものの、「女性は男性を支える役割」と認識されている。保護者が家庭内で意思決定権を持つことが多いため、女児のスポーツ参画は保護者の影響を大いにうける。一方でフィリピンはスポーツ現場において認められた男性と女性の状況の差の原因を、女性個人やスポーツの歴史的な発展に集約せずに、スポーツの現場における男性の優位性などにも見出していることがうかがえた（SGE, 2023）。以上のように、タイ、マレーシア、インドネシア、ベトナム、フィリピンそれぞれの国でスポーツ現場において女性のスポーツ参画は人権として保障されるべきであるとの認識が見られ、フィリピン以外の国では、既に機会は平等に提供されているとの認識が強いという点が共通して見られた。女性や女児のスポーツ参画が、夫や父親の意思決定によって左右するにも関わらず、それはその国の「文化」や「社会規範」として肯定され、家庭の中における男女の権力格差を批判的に捉える姿勢はあまり見られない。スポーツ現場でも、家庭の中やコミュニティの中における「女性」としての役割や規範から逸脱することの難しさがうかがえる。

6．おわりに

筆者は、２０２３年にインドネシアのスポーツをする女子大学生のグループに女性のスポーツ参加を阻害する要因について尋ねた。女子大学生たちは、家庭内の家事・育児が阻害要因であると述べた。女性が家事と育児を担うのは、ムスリムとしてもインドネシアとしても文化であり、規範であるとの認識であった。その会話の中で「私たちは文化は変えられない。でも認識は時間をかけて変えることができる」と女子大学生が述べていたことが印象に残っている。Kabeer（２０１１）は、グローバルサウスの女性たちは、家族や親族との関係性を保ちながらも、自身の状況の改善のために何が不平等で何を優先的に取り組むかを決めることができると述べている。東南アジアの女性たちが平等にスポーツに参加できるようになるためには、女性たちが家庭内や生活空間のコミュニティの中でセーフスペースを保ちながら、何を不平等に感じ、それを解決するために周囲とどんな交渉を繰り返しながら、家庭やコミュニティにおける自らの役割を少しずつ変化させているのか、丁寧に分析する必要がある。また、スポーツ現場における性的マイノリティの人たちを対象とした研究の蓄積は少ないが、性自認や性的指向という自身の認識よりも、コミュニティや家庭の中でどのような存在であるのかということが重要視される社会において、性的マイノリティの人々が自身を家庭内やコミュニティの中でどのように捉え、そしてスポーツ現場でどのような経験をしているか、研究を蓄積していく必要があるだろう。

（成城大学文芸学部）

【注】

（１）性的指向（ＳＯ：Sexual Orientation）、性自認（ＧＩ：Gender Identity）、性別表現（ＧＥ：Gender Expression）、身体の性的特徴（ＳＣ：Sex Characteristics）の頭文字を取ったもの。

【参考文献】

バトラー、ジュディス（１９９０）『ジェンダー・トラブル』、竹村和子翻訳（２０１８）、青土社。

Blackwood, Evelyn. (2010) 'Lesbians', modernity and global translation. In P. Aggeleton, & R. Parker, *Routledge Handbook of Sexuality, Health and Rights*. 69-76. London: Routledge.

ダラ・コスタ、マリアローザ（１９８６）『家事労働に賃金を：フェミニズムの新たな展望』、伊田久美子、伊藤公雄翻訳、インパクト出版会。

Davies, Sharyn G., Deckert, Antje (2019) "Pretty strong women: Ingenious agency, pink gloves and muay Thai". *Sociology of Sport Journal*, 36(3), 213-223.

デルフィ、クリスティーヌ（１９８４）『なにが女性の主要な敵なのか：ラディカル・唯物論的分析』、井上たか子、杉藤雅子、加藤康子翻訳（１９９６）、勁草書房。

Drucker, Peter (2018) Changing families and communities: an LGBT contribution to an alternative development path, *Routledge Handbook of Queer Development Studies*, Mason, Corinne L eds. 19-30.

フリードマン、ジョン（１９９２）『市民・政府・ＮＧＯ：「力の剥奪」からエンパワーメントへ』、斉藤千宏、雨森孝悦監訳（１９９５）、新評論。

Garcia, J. Neil C. (2008). Philippine Gay Culture: Binabae to Bakla, Silahis to MSM. Hongkong: Hongkong University.

Giulianotti Richard. (2011) "Sport, peacemaking and conflict resolution: a contextual analysis and modelling of the sport, development and peace sector", *Ethic and Racial Studies*, 34(2): 207-228.

花見槙子（１９９５）「東南アジア社会におけるジェンダー分析の試

み」、『一橋大学研究年報社会学研究』34、217-260頁。
Hanlon, Clare., Khoo, Selina., Morris, Tony and Eime, Rochelle (2019) "Factors influencing Women in Physical Activity Programs in Malaysia" *Health Promotion International*. Vol. 34(3). pp.389-399.
Hayhurst, Lyndsay MC. (2011) "Corporatising Sport, Gender and Development: postcolonial IR feminisms, transnational private governance and global corporate social engagement", *Third World Quarterly*, 32(3): 531-549.
Hayhurst, Lyndsay MC. (2014) "The 'Girl Effect' and martial arts: social entrepreneurship and sport, gender and development in Uganda", *A Journal of Feminist Geography Gender, Place & Culture*, 21(3): 297-315.
Kabeer, Naila (2011) "Between affiliation and autonomy: navigating pathways of women's empowerment and gender justice in rural Bangladesh", *Development and Change*, 42(2): 499-528.
Kabeer, Naila (2012) "Empowerment, Citizenship and Gender Justice: A Contribution to Locally Grounded Theories of Change in Women's Lives". *Ethics and Social Welfare*, 6(3), 216-232.
Long, Scott (2005) "Anatomy of a Backlash: Sexuality and the 'Cultural' War on Human Rights. https://www.hrw.org/legacy/wr2k5/anatomy/anatomy.pdf.
野口亜弥（2021）「タイに見られるジェンダー規範とジェンダー平等に対するスポーツの役割認識：政策立案者の視点」、『体育学研究』66、809-825頁。
大沢真理（2002）「ジェンダー」、田中由美子、大沢真理、伊藤るり編著『開発とジェンダー：エンパワーメントの国際協力』、国際協力出版会、23-24頁。
ピルチャー、ジェイン、ウィラハン、イメルダ（2004）『ジェンダー・スタディーズ』、片山亜紀訳、金井淑子解説（2009）、新曜社。
Roy, Anaurene and Ryba, Tatiana V. (2012) "Curb Your Enthusiasm: A Case of Young Malaysian Women's Emotional Embodiment." *Women in Sport and Physical Activity Journal*. Vol. 21(1). pp. 50-60.
SGE（2024）『調査研究』、ポストスポーツ・フォー・トゥモロー推進事業再委託事業「スポーツへのアクセスに関する包括的な取組」成果報告書、日本スポーツ振興センター。
Sinnot, Megan J. (2004) Toms and Dees: Transgender Identity and Female Same-sex relationships in Thailand. University of Hawai'i Press.
Stivens, Maila (2006) "Family values' and Islamic revival: Gender, rights and state moral projects in Malaysia." *Women's Studies International Forum*. Vol. 29. pp. 354-367.
スポーツ庁（2017）「第1回日ASEANスポーツ大臣会合 結果概要」https://www.s-databank.com/news/ASEAN.pdf（2024年3月12日最終閲覧）。
田村慶子（2018）「第4章　東南アジアにおけるジェンダー問題の発生と展開」、川村晃一編著『「東南アジア政治の比較研究」調査報告書』、アジア経済研究所、45-59頁。
田中由美子（2002）「「開発と女性」（WID）と「ジェンダーと開発」（GAD）」、田中由美子、大沢真理、伊藤るり編著、『開発とジェンダー：エンパワーメントの国際協力』、国際協力出版、1-41頁。
Thaweesit, Suchada (2004) "The fluidity of Thai women's gendered and sexual subjectivities" *Culture, Health & Sexuality*, 6(3): 205-219.
The Yogyakarta Principles (2006) The Yogyakarta Principles. https://yogyakartaprinciples.org/principles-en/ (March, 24, 2024)
ウィークス・ジェフリー（1986）『セクシュアリティ』、上野千鶴子監訳、赤川学解説（1996）、河出書房新社。

United Nations Human Rights (UNHRC) (2016) Council establishes mandate on protection against violence and discrimination based on sexual orientation and gender identity. https://www.ohchr.org/EN/NewsEvents/Pages/DisplayNews.aspx?NewsID=20220&LangID=E. (March, 24, 2024).

UN Women (2020) UN Women statement for the International Day Against Homophobia, Biphobia, Interphobia and Transphobia, 2020: Breaking the silence, https://www.unwomen.org/en/news/stories/2020/5/statement-un-women-international-day-against-homophobia-transphobia-and-biphobia. (March, 24, 2024)

Velasco, Kristopher (2018)"Human Rights INGOs, LGBT INGOs, and LGBT Policy Diffusion, 1991-2015." *Social Forces*. Vol.97. No.1. pp.377-404.

Weiss, Meredith L, and Bosia, Michael J., eds (2013) Global Homophobia: States, Movements, and the Politics of Oppression. Champaing, IL: University of Illinois Press.

大学運動部における学生スタッフとジェンダー問題

―トレーナーの経験から考える―

関めぐみ

1．はじめに

大学運動部には、「学生スタッフ」と呼ばれるポジションが存在する。学生スタッフは、中学、高校の部活動において、教師や保護者、そしていわゆる「女子マネージャー」たちが担うような仕事に加え、組織の運営に関わるさまざまな役割を担う。大学スポーツの振興と参加人口の拡大に向けて２０１９年３月に発足した「一般社団法人大学スポーツ協会（ＵＮＩＶＡＳ）」では、学生スタッフに向けたイベントを実施しており、次のように学生スタッフを表現している。

学生スタッフとは、大学スポーツを〝スタッフ〟として支えている学生のことを指します！マネージャー、主務、会計、学生トレーナー、学生データアナリスト、学生競技団体（学連など）、大学の体育局など、さまざまな役割があります！（UNIVAS, 2023）

上記に加え、対象者の欄には「学生コーチ」や「学生アナウンサー」も含まれている。大学スポーツを支えている存在として多岐にわたる役割を担う学生スタッフであるが、実態を明らかにする調査研究は未だ数が少ない。

一方で、学生スタッフのうちマネージャーに関しては、いくつかの研究が存在する。特に「女子マネージャー」の役割については、男子部において女子生徒が担うことが一般的であることから、ジェンダー問題であると捉えられてきた（高井、２００５：関、２０１８ほか）。全国的な統計データは不在であるが、例えば、２０２４年２月に西日本新聞社が福岡市内で実施した調査によれば、福岡市内の公立高校11校に３５１人マネージャーが存在し、うち３４９人（99・４％）が女子だったという結果がある（斉藤、２０２４）。この結果からも、高校では今でも圧倒的に性別に偏りのある状況が続いていることがわかる。ただし、大学レベルになると、組織や大会の規模が大きくなることから、特にチームスポーツにおいては、マネージャーの役割が分化し、学生スタッフという大きなカテゴリーの中で専門的な役割を担っていく。そのため、選手数の多いチームの場合は、男子スタッフの存在も珍しくない。

本稿では、学生スタッフの中でも、選手の身体に触れる仕事という特性を持つトレーナーの活動に着目することで、学生スタッフ制度が抱えるジェンダー問題を明らかにすることを目的とする。スポーツ環境における身体接触は、セクシュアル・ハラスメントになりうる契機が存在することが指摘されているように（吉川、２００５）、ジェンダー問題が可視化しやすいと考えた。以下では具体的に、大学アメリカンフットボール（以下、「アメフト」）部のトレーナーの活動内容についての「語り」に着目し、女子と男子の経験を比較していく。

2. 調査概要

２０２２年２月から３月にかけて、６大学67人の学生スタッフの協力を得て、経験記述（66人分）を集めた上で、16回（66人）のフォーカス・グループ・インタビュー（以下、「ＦＧＩ」）を実施した。ＦＧＩは、同じ大学同士のスタッフ３～６人で構成し、入部理由を含む自己紹介、仕事の順序、仕事の詳細といった大きな流れで、約90分間自由に話をしてもらった。本研究では、トレーナーであると回答した５大学23人（女性20人、男性３人）のＦＧＩの語り

表1　フォーカス・グループ・インタビュー協力者（N=23）一覧

	グループ※1	ニックネーム※2	ポジション	性別	学年	実施日
1	A-3	えな	トレーナー	女性	3	2022/3/15
2	A-3	なな	トレーナー	女性	3	2022/3/15
3	A-3	よし	トレーナー	女性	3	2022/3/15
4	B-1	きのぴお	トレーナー	女性	3	2022/3/1
5	B-1	もえちゃん	トレーナー	女性	3	2022/3/1
6	B-1	ゆい	トレーナー	女性	2	2022/3/1
7	B-1	はる	トレーナー	女性	1	2022/3/1
8	B-5	まゆち	トレーナー	女性	3	2022/3/19
9	B-5	ちい	トレーナー	女性	3	2022/3/19
10	B-5	まお	トレーナー	女性	1	2022/3/19
11	B-5	のすけ	トレーナー	女性	1	2022/3/19
12	C-1	みく	マネージャー／トレーナー	女性	3	2022/3/11
13	C-1	ありさ	トレーナー	女性	1	2022/3/11
14	D-1	ぺぺ	トレーナー	女性	1	2022/3/2
15	D-1	はせ	トレーナー	女性	1	2022/3/2
16	D-1	キウイ	トレーナー	女性	1	2022/3/2
17	D-1	あちゃん	トレーナー	女性	1	2022/3/2
18	D-2	リンゴ	トレーナー	女性	3	2022/3/2
19	D-2	みかん	トレーナー	女性	3	2022/3/2
20	D-2	ぶどう	トレーナー	女性	3	2022/3/2
21	E-1	ちはる	トレーナー	男性	3	2022/3/24
22	E-1	よっち	トレーナー	男性	3	2022/3/24
23	E-3	たけ	トレーナー	男性	2	2022/3/18

※1　A～Eは大学を表しており、数字は各大学の何回目のインタビューかを表している。
※2　ニックネームは、経験記述執筆の際に自ら記入してもらったものを使用している。

に着目する（表1）。

ＦＧＩの整理・分析には、ＱＤＡ（Qualitative Data Analysis）ソフトウェアNVivoを用いた。以下、必要な箇所はトレーナーを表すＴ（複数の場合はＴ１、Ｔ２など発言順で区別）で語りを提示する。

3. 調査結果

(1) トレーナーの活動内容

まずは、トレーナーの活動内容を確認する。大学アメフト部には、さまざまな管理を担うマネージャー、ケガ人の対処やトレーニングを担うトレーナー、分析を担うアナライジング・スタッフに加え、稀に応援を担うチアが存在する。

そのうち、トレーナーの仕事には、大きく分けて「メディカル」と「ストレングス」という2つの側面がある。メディカルとは、選手がケガをした際の応急措置、テーピングの施術、リハビリメニューの考案といった医療面の担当である。ストレングスとは、筋肉量を増やしたり、体幹を鍛えたりするためのトレーニング面の担当である。また、「栄養」という、体重や体調の管理、選手が食べるものの管理などを担当する役割も、チームによってはストレングスに含まれていたり、独立していたりする。

(2) 男子トレーナーの経験

1) 選手としての過去

3人の男子トレーナーの語りの中で特徴的なのは、全員が元選手であるということだ。うち2人は、大学で選手をしている間にケガをし、ストレングストレーナーに移った。規模の大きな大学では、1軍と2軍に分かれており、2軍が1軍の練習相手となる。そして、体格も力も技術も異なる相手と接触を伴う練習を繰り返しするため、2軍はケガのリスクが高くなる。ある男子トレーナーは、特にリスクの大きな脳震盪についても、「結構頻繁に起きるので、あんまりよくないんですけど、正直、ああ、はいはい、みたいな感じにはなってしまってる」と語るほどである。脳震盪により選手を続けられなくなった1人は、このリスクの高い練習を続ける組織体制を問わず、「そっちのほうが正直効率的なんで」と、この練習のあり方を肯定している。

残る1人は、小学校・中学校でタッチフットボールの選手をしたが活躍できず、中学の顧問の先生からの勧めで高校からマネージャーを務めたという。顧問から打診された際には、「(マネージャーは) 自分の中では男がやるものではない」と考えていたが、恩師の言葉に従ったそうだ。大学では、「もう少し選手とじかにかかわりたい」と思い、メディカルトレーナーとなった。マネージャーは主に事務を担うため、選手との関わりは少なかったのだという。

2) 男子トレーナーと選手との対等でない関係

ある男子トレーナーは、学生スタッフと選手の関係を次のように語っている。

選手からしたら、(学生スタッフは) しんどいこともしてないし、そこは何か、そのぶん下には見られることもありますし、自分が選手してるときにも、ほかの選手がそういうことを言ってるもの全然珍しくないんで。やっぱり選手から見たら、下ではないけど、俺らのほうがやってるぞみたいな感じで捉えてる人が少なくはないかな。

選手から見ると、学生スタッフは「しんどいこと」、つまり練習やトレーニングなどの肉体的な負荷を経験していない。そのため、選手の中には学生スタッフを対等な立場だと思わない人もいるのだという。

その非対等な関係が特に表れやすいのは、選手に余裕がなくなる時である。例えば、ある男子トレーナーは、選手に対してトレーニングを指示して追い込んでいる時に、後輩選手から「やってから言えよ」と反抗的な言葉を投げかけられたという。その際、当該トレーナーは「まじでキレそう」「まじ殴りたい」という気持ちが湧き起こったものの、練習時間を無駄にしたくないためそれに堪えたという。実際には彼は、上級生トレーナーが考えたメニューを受け取った後、自らジムに通って一通り経験をしたうえで練習に臨んでいる。しかし、「そういうのは（選手に）見せない」ため、「選手は自分はやってるのに、やってないやつから言われるのは嫌」だと思うのだろうと、このトレーナーは自らの選手経験をもとに推察している。

（3）女子トレーナーと選手との対等でない関係

ある男子トレーナーが「男のほうがまだ言われないんじゃないんですかね」と話すように、同様の反抗的な言葉は女子のほうに向きやすいと考えられている。この言葉に対して、同じFGIの女子メンバーが何度も頷いていたのが印象的であった。選手がスタッフの仕事を評価するのは、フィールド上で見える範囲であるため、女子スタッフの熱意は相対的に見えにくいのだという。

僕らってフィールドでしか見られてないんで、フィールドでいる間にどんだけ熱意を選手に伝えるかで、やっぱ僕らは評価されてしまうので、どうしても僕らの仕事に対してのどうしてるかとかまで、選手は見えてないので、そこが重要だなと僕は思ってます。

彼は、「男のほうが、熱意とかそういう気持ち系って見えやすい」と話しており、熱意を見せる方法はフィールドで「叫ぶ」こと、つまり大きな声を出すことであるという。

女子トレーナーの語りの中にも、「おまえもやってみろみたいなこと言われたんですよ。選手に。おまえはやってんのかみたいなこと言われて」など、選手と同様の言葉を投げかけられた経験を語る人もいた。また、トレーナーになったばかりの頃に先輩選手から、「トレーナー（は選手に）恨まれるで」という声をかけられた人もいる。実際に、他スタッフの中には、トレーナーが選手から暴言を吐かれているのを見て、トレーナーにならなくてよかったと思ったと語っている人もいた。

このように、性別関わりなくトレーナーと選手には対等でない関係が生まれやすことがわかる。その中でも、女子の語りには次の2つの特徴があった。1つめは、「専門性が尊重されない」ことと、2つめは、「身体に触れることへの抵抗感がある」という語りだ。この2つに注目して語りを検討していく。

2）専門性が尊重されない

①雑用を頼まれる

まず、「専門性が尊重されない」という語りの中でも、多くの女子トレーナーがチームを超えて不満に思っているのは、雑用を頼まれることである。次の発言は、この雑用に対する葛藤がよく表れている。

もし自分が男だったら、これ、なってなかったのかなと一瞬思ったことあって、本当に、別に差別とか、絶対そんなことじゃなくて、みんないい人なんですけど、最近、選手が（トレーナーを）雑用って思ってるくね？みたいな（…）もちろん、やることが仕事だし、それで入ってきてるわけではあるんですけど、やってくれてありがとうじゃなくて、やってもらって当たり前っていうか、トレーナーなんやから、やれよみたいな（…）別に雑用じゃないし、お世話係じゃないからなっていうのは思うし、なめられてるなっていうのは、たまに思って、下に見られてるみたいなの。

このトレーナーは、この前後でも選手を庇う発言をしながら、雑用を頼まれることに対しての違和感を口にしている。しかし、「やることが仕事だし、それで入ってきてる」

と雑用も仕事の内であると捉えている。ただ、感謝されないこと、むしろ「やれよ」と威圧的な態度を取られることに「なめられてる」「下に見られてる」と感じているのである。

また、別のチームのトレーナーも、選手との関係性は「結構普段から話題になるテーマ」だと語っており、スタッフ同士で「ほんまに口悪く言ったら、（選手が）やれよな、自分で、とかを言いながら着替えたりとかして」いるのだという。スタッフは、各パートやポジションなどの部門に分かれたり、講習会を充実させたり、テーピングの練習に励んだりしながら、専門性を高めているにも関わらず、「水筒取って」「水くんでくれ」といった「パシリみたいなものを頼まれる」のだという。彼女らは専門性の高いトレーナー業を担いたいし、そこで頼られたいと考えているにも関わらず、雑用を頼まれる状況が起きているのである。

②指示が無視される

「専門性が尊重されない」という語りの中では、「指示が無視される」ことも繰り返し語られた。トレーナーとして、練習時間外に情報収集をして、選手に指示を出すものの、選手から無視されるのである。例えばメディカルトレーナーであれば、ケガをした選手の状況に合ったリハビリメニューを考えるのであるが、その内容が実践されないという。トレーナーが選手のために考えたメニューを「やってない」と簡単に言われてしまうことは珍しくなく、それは、トレーニングにおいても同様である。

選手がもっと強くなるとか、そういうふうに考えてアプローチしたり、資料作って提示したこととか（…）ケガの予防とかそういう面でやって当たり前のことを、選手が普通にやってないですとか（…）何かそういうときに、自分のその資料作るためにかけた時間とかも結構あるのに、そういう感じの全然やってくれてないとかがあるので、それは結構、落ち込むまではいかないんですけど、何か失望というか、ああ、もうこの人いいかなみたいな気持ちになります。

選手を強くするために、またケガを予防するために、収集した情報をまとめて資料を作るものの、それに「かけた時間」にも関わらず、無視されるのである。

③「女」として扱われる

女子トレーナーが、トレーナーとしてではなく「女」として、周囲から冷やかしを受けることもある。

ストレッチの相手してるときとか、ペアトレで一緒にやったりするとか、マッサージしてとか言われたときにするときとか、こっちは真剣にトレーナーとしてやってるのに、周りの選手たちがもう男と女っていう目で見てくるので、そういうときは性別が同じほうが楽やったなとは思いました。

トレーナーは「真剣にトレーナーとしてやってる」にも関わらず、「男と女」に位置付けられるのだという。

さらに、トレーナーではなく「女」として扱われ続けた経験を持つ人もいた。

めっちゃ下ネタ言ってきて、もうほんまいいかげん（私が）めっちゃ怒って、もうガン無視で、もうどっか行って、そっからもう多分自分（＊選手のこと）が悪いこと言ったってのわかってるけど謝られなくなって、ちょっかいかけてきたりしたけど、それももう聞かなかった。

このトレーナーは、ある選手からしつこく「下ネタ」を言い続けられた結果、その選手に近づかないようにしたのだという。結局彼女が「活動に支障をきたす」と考え、「あいうのもうやめてほしい」と選手にはっきりと伝えた結果、おさまった。

以上のように、女子トレーナーからは、雑用を頼まれる、指示が無視される、「女」として扱われる、といった「専門性が尊重されない」という経験が語られた。

3）身体に触れることへ抵抗感がある

①慣れるまでの抵抗感

もう1つ、女子トレーナーの語りにのみ出現したのが、「選手の身体に触れることへの抵抗感がある」という語りであった。多くの女子トレーナーに共通していたのは、新入生の頃の経験である。トレーナーはケガの予防や対処として選手の身体に触れるが、入部したての頃は恥ずかしかったり抵抗を感じたりするという。しかし、すぐに慣れるという人が多かった。

> 私はめちゃめちゃ最初、恥ずかしかった（笑）。普通に足、選手にテーピング貼るときに、足、直接さわったりするのも抵抗というか、それは恥ずかしいとかじゃなくて、普通に足にさわる、足さわるっていうのに割と抵抗あったし、アイシングのときとか、練習終わりのアイシングとかやったら、もう上脱いで腕巻いたりとか、肩巻いたりするときに、やっぱさわらないと巻けないんですけど、それもここさわって大丈夫なんかなとか、めっちゃいろいろ考えてました（笑）。慣れてきたら何も思わなくなったけど、最初のほうはめちゃめちゃもう何するのも恥ずかしかったし、抵抗はありました。

トレーナーとして、最初に足や腕や肩に触れることを「恥ずかしい」「抵抗あった」「ここさわって大丈夫なんかな」と、ためらいながら処置した経験を語っている。

一方で、経験を重ねても、身体に触れること、そして、身体を見ることに慣れないまま活動を続けている人もいた。

> Ｔ１：私はあんまり、そういう触れるのとか好きじゃないんですよね。体とかに。だから、どうしてもさわらないといけないときとかは、ちょっと嫌やなって思うことがあります（…）ある程度、テーピング巻くとかは全然、そういうのはいいんですけど、アイシングとかで上半身めっちゃ脱いだりとか、結構派手にやる人多くて（…）
>
> Ｔ２：人によるよな、めっちゃ。人によるし、ちょっと肩だけをこうしてくる人もおれば、ぼーんみたいな脱ぐ人もいてるし（…）お尻見えそうやけど？っていうぐらいまでズボン下げてきたりとか

このように、トレーナーが処置をする際に、選手が肌を露出することがあり、それを「嫌」だと思う人もいる。すぐに慣れる人もいるが、慣れないままトレーナーとして過ごしている人もいる。

②処置する部位による抵抗感

また、処置する部位によっては、より大きな抵抗を感じ

るのだということを他のトレーナーも語っている。

触診っていって、筋肉さわったりするんですけど、最初、むちゃくちゃ抵抗あったんですけど、ハムとか、お尻の、もろお尻みたいなところをぐいぐい押したりとかするんで、え、みたいな、まじかみたいな感じだったんですけど、もう何回かやったら、無の感情

ハムストリングスというお尻の付け根から太ももの裏の筋肉を触ることは、お尻というプライベートゾーンを含んでいることから、より抵抗を感じるのだという。

他にも選手の「太もも」「股関節」「鼠径部」といった部位に触れる際には、「逆セクハラ」とトレーナー同士で冗談を言いながら処置していたこともあると語っている人もいた。「逆セクハラ」とは、「女性から男性へのセクハラ」という意味で使用されているが、本来は良くないことをしているという意識があることが窺える。また、処置が「しづらい」と思う部位に、選手からアイシングを依頼されることもある。その際には、「渡すときもあるし、もう、まあ、我慢」というように、依頼できそうな人であればアイシングのパックを選手に渡して「ズボンのゴムで挟んどいて」とお願いするが、お願いできない場合には「我慢」しながら対処しているという。

③選手の反応に伴う抵抗感

逆に、上級生女子トレーナーが後輩男子選手を処置する際には、選手に対して申し訳ない気持ちになることがあるとも語っている。

鼠径部ぎりぎりのところまでテーピングを巻いたりするんですけど、逆にごめんっていう気持ちになります。自分がそれで、あっ、みたいなちょっと恥ずかしいみたいな気持ちには全くならないです（…）トレーナーだと、結構いろんな人にそういうのを巻くので、慣れるんですけど、選手の場合は、自分がその部位をケガしたときだけ、そういう格好になってテーピング巻いてもらうって感じなので（…）下回生（選手）とか、え、これであってますかみたいな、ちょっと抵抗がある感じ。

このように、トレーナーが経験を積み、処置に自信が付

くと、処置に慣れない選手に対して「逆にごめん」という気持ちになるのだという。

トレーナーにとっては日常でも、選手にとっては非日常の出来事であり、選手側からするとどこまでどのように委ねて良いのか手探りとなる。その選手側の抵抗を感じるからこそ、トレーナーもまた若干の抵抗を感じながら淡々と処置を進めるのだという。

以上のように、女子トレーナーからは、慣れるまで、処置する部位によって、選手の反応によって、「身体に触れることへ抵抗感がある」という経験が語られた。

4. 学生スタッフ制度が抱えるジェンダー問題

調査の結果、男子トレーナーの語りからは、選手としての経験を持っていることが、そして、男女トレーナーからは、選手との対等でない関係があることが明らかになった。また、女子トレーナーの語りからは、専門性が尊重されないこと、そして、身体に触れることへの抵抗感があることが明らかになった。では、改めて学生スタッフ制度が抱えるジェンダー問題について検討してみたい。

まず、女子と男子では、トレーナーとしての知識と経験に差があった。選手経験のある場合と、全く0の状態からスタートする場合では、選手からの信頼度が異なると考えられる。筆者が調査した23人の中には、看護や栄養など、トレーナー業に関わる一部の学部や学科に所属する人はいたが、アスレチックトレーナーや理学療法士などの資格を目指すものはいなかった。つまり、大学での学びがトレーナーの活動とは直結していなかったのである。そのため、新入生の女子トレーナーは、「素人」かつ「女性」という脆弱な立場で部に参入していき、現場でスキルを身につけていくことになる。女子トレーナーたちの「専門性が尊重されない」ことや「身体に触れることへ抵抗感がある」という経験は、そもそも専門的な知識や経験を体系的に得ることなしに現場に出ていることに起因しているのではないか。

例えば、アスレチックトレーナーや理学療法士の資格を持つ社会人を有償で雇える部と、無償で来てもらっている部、そして、そもそも社会人の関わりが無く大学生の先輩から教えてもらうしかない部では、トレーナーの専門性の高さも異なる。あるチームの女子トレーナーは全員、選手と対等に仕事ができていると答えていたのだが、その背景にはメディカル、ストレングス、栄養の3つの部門全てに有償の社会人コーチがついていた。他のトレーナーの語りの中にも、有資格者のコーチからのお墨付きであれば、自信を持って選手に伝えることができるといった語りが複数あった。このように、メンターとして有資格者から教えてもらえる場合には、学生トレーナーも自信を持って選手に指示を出すことができ、ケガにも対応することができるようになる。これは同時に、選手もトレーナーを信用できることにつながるだろう。一方で、先輩から教えてもらうしかない学生トレーナーは、自らインターネットや本で調べた知識を加えるしかなく、その知識の無さを申し訳なく思い、雑用を自ら担うといった「尽くす」という行動につながり、より立場が弱くなるという悪循環に陥っていた。

この雑用を担ってしまう背景には、スタッフとして入部できる上限人数を決めていないことも大きい。これは、各チームでどのような仕事が必要で、そのために学生スタッフが何人必要なのかが考えられていないということを意味する。あるチームでは、スタッフの数が多い上に、練習時間中のスタッフの役割が細かく分かれていることから、「やっと1個5分だけ当たるとか、そういう日が結構あって。で、自分、おっても抜けても変わらんやんって思った」と話すように、練習中に仕事がないこともあるという。一方で、「例えば、スタッフが少ない学校とかやったら、グラウンドメイキングは全部選手がしてるし、アイシングとかも自分でしてる学校もある」のだが、スタッフの数が多いためにそのような仕事も全てスタッフが担っており、それを選手が当然と考えているという語りもあった。選手からは練習時間外のトレーナーの仕事は見えにくいことからも、まずはすべての仕事をリストアップした上で、各チームで優先順位を付け、適正人数を検討することが必要だろう。

以上のように、女子トレーナーは知識と経験を持たずに現場に入ることから、特に新入生のうちは自信のないまま過ごすことになり、尊重されにくい状況に陥っていると考えられる。

5. おわりに

本稿では、学生スタッフ制度が抱えるジェンダー問題を明らかにするために、選手の身体に触れる仕事という特性を持つトレーナーの活動に着目し、女子と男子の経験を比較してきた。その結果、トレーナーという専門的な役割を担っているにも関わらず、トレーナーたちには専門的な知識を体系的に得る場がないことが課題であることが見えてきた。特に女子は、トレーナーではなく「女」として扱われる瞬間があることからも、男子とは異なる経験をしていた。

この状況を改善するためには、知識と経験を一律に提供する場が必要であると考える。大学レベルになると、脳震盪などの深刻なケガのリスクも高くなるが、多くの大学ではまず先輩から教えてもらう知識だけで現場から始めることが多い。また、学生トレーナーの状況を改善する可能性のある有資格の社会人コーチを雇えるかどうかは、チームの財政状況に左右される。部費や諸経費も同様であるが、大学が私立か国公立かという違いは、部員たちの経験に大きな影響を与えていた。活動費にまつわる分析は、今後の課題である。

一例として、カナダでは、学生トレーナーと同様の立場の学生セラピストたちが、診療所に所属し、そこから短期間インターンシップ生として各部に派遣されている（関、2018）。つまり、カナダでは、スポーツのトレーナーとしての基礎的な学びを得た上で現場に立っているのである。その意味で、学生連盟やＵＮＩＶＡＳなどが主催し、少なくとも最初の一定期間は、座学や演習を含めた講習で学ぶと同時に、先輩に付いて学ぶＯＪＴ（On the Job Training）を通して、その後施術ができるようにするなど、段階を踏んで知識と経験を得られるようにする制度を整える必要があると考える。

また、そもそも脳震盪だけでなく、日々のテーピングが大量に必要なほど選手がケガをしている状況も疑問視されるべきではないか。例えば、アメリカの大学アメフト部の1部リーグでは、全米大学体育協会（ＮＣＡＡ）が活動期間や活動時間を決めており、防具をつけての練習も制限し、学生コーチは3名まで、など細かなルールを定めている。オフシーズンには、勉学に集中して励むこともできるのだが、これらは全て選手の権利を守るためのルールである。日本では、学生スタッフの方が選手よりも長時間活動している例もあることから、ルールを整え、遵守できる環境を整備することが急務である。

最後に、トレーナーの経験からジェンダー問題を考える際に避けられないのは、そもそも、誰が他者の身体に触れる権利があるのか、という問いである。トレーナーや選手が覚える抵抗感を取り除くために、何が必要なのかを考え続ける必要があるだろう。その際、誰が学生スタッフを担っているのかという性別分布の偏りもまた、同時に問われる必要がある。男子がケアを享受し、女子がケアを提供し、LGBTQ+の人々が排除されているとすると、大学スポーツとは誰のための活動なのだろうか。

（甲南大学文学部）

【文献】

ＵＮＩＶＡＳ（２０２３）「【12月27日（水）対面開催】U.S.L. 企画「学生スタッフリアルミーティング」を開催!!」（２０２４年３月29日取得、https://univas.jp/find/lounge/article/20231101807933/）。

斉藤幸奈（２０２４）「マネージャーは女子当たり前?」『西日本新聞社』２０２４年3月7日。

高井昌吏（２００５）『女子マネージャーの誕生とメディア――スポーツ文化におけるジェンダー形成』、ミネルヴァ書房。

関めぐみ（２０１８）『〈女子マネ〉のエスノグラフィー――大学運動部における男同士の絆と性差別』、晃洋書房。

吉川康夫（２００５）「スポーツにおいて女子学生が経験するセクシュアル・ハラスメントの現状とその特殊性」『平成14～16年度　日本学術振興会科学研究費補助金（基盤研究（Ｃ）１４５９４０１３）研究成果報告書』（２０２４年４月13日取得、http://players-first.jp/domestic/reports.html）。

ジェンダー、ディスアビリティ、スポーツ

―クリップ・セオリーの視点から―

河野真太郎

スポーツと社会と男性性

日本の、プロ／アマチュアを問わないスポーツ界が、男性中心的なジェンダー体制に支配されてきたことは改めて指摘するまでもないであろう。勇み足に断言するなら、そのようなスポーツ界の性質は、より広く日本の家父長制的な社会の反映でありつつ、そのような社会を再生産する役割を担ってきたということである。「スポ根」と呼ばれる価値観は、長らく日本の企業文化を下支えしてきたし、それは企業文化だけではなく家庭内の（ドメスティック・バイオレンスにもっとも端的に表現されるような）ジェンダー関係の基盤にもなっているだろう。要するに、日本社会全体の基盤となってきた。

だがその価値観の変化の兆しも確実にある。「ブラック企業」が２０１３年のユーキャン新語・流行語大賞のトップテンにノミネートされたあたりを境目に、スポ根的な「しごき」は「ハラスメント」として捉え返され、批判されるようになった。それと同時に、スポーツの、とりわけ指導における暴力が問題化されるようになった。事例は

枚挙にいとまがないが、「ブラック企業」が流行語となった頃に同時に起きた大阪市立桜宮高校（現大阪府立桜宮高校）バスケットボール部の主将男子生徒の自殺事件は象徴的である（詳しくは島沢を参照）。このバスケットボール部の顧問教諭は、2年生の主将の生徒に日常的に叱責や殴打といった「体罰」を加えており、この生徒は2012年12月23日に自宅で首つり自殺をした。この事件が露見して、同バスケットボール部が無期限活動停止となり、顧問教諭が更迭されたことはもちろんであるが、当時の大阪市長であった橋下徹の強い要請のもと、市教育委員会は同校の体育科およびスポーツ健康科学科の入試の中止を決定し、これについては批判も起こった（「大阪・桜宮高体育科入試を中止橋下市長に生徒ら抗議、〝受験の機会奪うな〟」『しんぶん赤旗』）。

この事件は、学校の部活における「しごき」の問題について、またスポーツ全般の指導における暴力やハラスメントの問題について投げられた大きな石の一つとなった。だがここで私がこの事件を取り上げているのは、それが2012年というタイミング（上記のように、日本社会の「しごき」体質が大きく見直され始めた時期）に起きたからだけではない。私はここで、橋下徹という人物がこの事件に関してかなり強硬な介入をしたことに注目している。

それは、次のような事情からである。2010年代に進んだ上記のような「反省」は、一面ではフェミニズムの成果であると見ることもできる。近年のフェミニズムといえば、2017年から起きたハッシュタグ運動の #MeToo 運動が注目される。ハリウッドの元大物プロデューサーのハーヴィー・ワインスティーンの告発から始まったこの運動は、性暴力やハラスメントに泣き寝入りしないで声を上げようという連帯のための運動だった。こういった加害の告発を軸とするフェミニズム運動は2017年に突然始まったわけではない。1990年代の第三波フェミニズムの一部にもその萌芽はあった。1991年、法学者のアニタ・ヒルが当時アメリカ最高裁判所判事候補であったクラレンス・トマスをセクシャル・ハラスメントで訴えた事件である（河野「懲罰幻想を超えて」を参照）。

加害・ハラスメントを看過しないという現在の潮流は、そのようなフェミニズム運動の確実な成果だった。ただしもう一方で、別の論理も考えられる。それは、そのような潮流と、その背後にある性差別の撤廃、多様性推進や多文化主義は、現在の新自由主義的な資本主義の要請によって押し進められている部分もある、ということだ。それがどういうことなのかは後述するが、行政と福祉の簡略化、つまり新自由主義的な緊縮政策を基調としつつ、それを実行するにあたっては非常に強権的で権威主義的でさえある橋下徹が、桜宮高校の事件については、部活の暴力に対するゼロ・トレランス的な応答をした、つまりある種のリベラル的な応答をしたことをどう考えるかという疑問がここにはある。少し勇み足に言えば、スポーツにおける有害な男性性の文化を脱するにあたっては、リベラルなヒューマニズムだけを根拠にするだけではどうも不十分なのではないか（さらには積極的にそれには問題があるのではないか）ということを、橋下の事例は示していないか。

ポストフェミニズム／ポピュラー・フェミニズムとエンパワーメントとしてのスポーツ

この問題を考えるにあたっては、ポストフェミニズムもしくはポピュラー・フェミニズムという概念を導入することが有効であろう。フェミニズムの終わりというほどの意味のポストフェミニズムは、早くは１９８０年代にメディア上に現れていた（Gamble, p. 44）が、それが新自由主義との関係でより複雑に歴史化・理論化されたのは、２０００年代のアンジェラ・マクロビーらの仕事以降である。マクロビーは『フェミニズムの波の後で』で、ポストフェミニズム状況とは、以前のフェミニズムに対する単なるバックラッシュではなく、むしろフェミニズムの諸要素は「完全に現代の政治的・制度的な生活の中に取り込まれて」いるのだが、そこでは「エンパワーメント」や「選択」という言葉が「はるかに個人主義的な言説」としてメディアとポピュラー・カルチャーに採用され、それは「フェミニズムのある種の代替物」となっていると指摘することから本書を説き起こす（1頁）。ポストフェミニズムは、単に第二波フェミニズムまでの成果を否定するバックラッシュではない。それどころかむしろ、ある側面ではフェミニズムは「常識」となっており、同時にそれに対する反発が生じている側面もある。ポストフェミニズムの状況とはその両者を含み込む全体なのである。マクロビーは、ポストフェミニズムが先進的なものと旧来的なもの（女性性の再肯定など）を併せ持っていることを「二重拘束」と呼び、「この「二重拘束」の考え方に基づいた「バックラッシュの複雑化」」が必要だと主張している（6頁）。

決定的なのは、第二章でマクロビーが、リサ・ドゥガン（Duggan (2003)）を敷衍して、ポストフェミニズムの文脈として新自由主義を指摘していることである（ドゥガンは同性愛の政治と文化が新自由主義への取り込みを受けていることを指摘した）。つまり、マクロビーはポストフェミニズムを、新自由主義に適応して個人主義化され市場化されたフェミニズムと見なすのだが、そこには先進性やリベラル性と女性性の再肯定のような後進性が同居している。

このポストフェミニズム状況において、スポーツとジェンダーがどのような変化にさらされているかを理解するために、メディア学者のサラ・バネット＝ワイザーの『エンパワード――ポピュラー・フェミニズムとポピュラー・ミソジニー』を参照しよう。バネット＝ワイザーの言う「ポピュラー・フェミニズム」とは、ポストフェミニズムの一変奏と言えるが、よりメディア環境に力点を置く概念であり、現在のフェミニズムや女性のエンパワーメントが、バネット＝ワイザーが「可視性のエコノミー」と呼ぶ環境の中でいかに流通しているかという観点を強調するものである。ポピュラー・フェミニズムは女性への加害の告発だけでなく、より積極的に女性の自信を促進し、エンパワーすることに力点を置く。表面上は非常にヒューマニズム的でリベラルな装いを持っている。だが、問題はそのリベラル・ヒューマニズムが何を隠蔽し排除するかである。

バネット＝ワイザーが、ポピュラー・フェミニズム的な広告の最初期の例として挙げるのは、ナイキが１９９２年に開始した「もし私にスポーツをさせてくれたら（If You Let Me Play）」のキャンペーンである。図1は１９９５年のナイキのポスターである。バネット＝ワイザーは、これに次のような説明をつけている。

このキャンペーンは一九九五年になると、テレビでも展開されるようになり、可視化のエコノミーにおける重要な媒体となった。キャンペーン広告は、可視性のエコノミーにおいて一貫して流通し続けている「傷」と「能力」に関する言説を利用し、女の子が女の子であるという理由だけで傷つけられたさまざまな方法を強調した。キャンペーン広告はさらに、女の子や女性の能力を刺激し、動員する方法としてスポーツを目玉にした。そのうちのある広告は、「もしスポーツをさせてくれていたなら

> ……」というフレーズを繰り返す女の子たちの一連のショットから始まり、「もっと自己肯定感が高くなるだろう」、「乳がんになる可能性が60％低くなるだろう」、「うつ病になりにくいだろう」、「私を殴る男と別れる可能性が高くなるだろう」などの言葉で、別の女の子たちがさまざまな方法でこの〔仮定的な〕文章を完結させるシーンへと切り替わる。そして最後にこう結ばれる。「もしスポーツをさせてくれていたら……私は強くあるとはどういうことか分かるだろう」（Nike, 1995）。このキャンペーンは、スポーツを女の子や女性たちによる自己肯定感、強さ、エンパワーメントと関連付けるための企業努力が始まったというナイキの宣告だった。（Banet-Weiser, p.50）

図1　ナイキ「もし私にスポーツをさせてくれたら」キャンペーン（Banet-Weiser p.51）

さらにバネット＝ワイザーは、ロザリンド・ギルとシャニ・オーガッドの「自信文化」論を参照しつつ、このナイキ広告が「自信の文化／自信のカルト（confidence cult(ure)）」の嚆矢であったとし、この後ナイキは女子のエンパワーメントの市場の重要なプレイヤーであり続け、現在では「世界銀行や国連と提携し、「ガール・エフェクト」キャンペーンを組織して、グローバル・サウスの貧困にあえいでいる地域における女の子教育を提唱し、女の子たちの起業能力や経済的可能性にはっきりと照準を合わせている」と論じる（p.50）。

バネット＝ワイザーは、引用に見える「傷」と「能力」を軸にポピュラー・フェミニズムについての議論を展開している。女性にとっての「傷」とは女性差別的な社会によって加えられた傷であり、それを乗り越える「能力」とは、新ポストフェミニズム的に、個人としてエンパワーされ、新自由主義的な労働市場に参画して自己実現ができることなのである(4)。

ここに見える、スポーツにおける、そしてスポーツを通じた女性のエンパワーメントのキャンペーンを、私たちはフェミニズムと呼んでよいのだろうか。バネット＝ワイザーは、『エンパワード』の第三章では「自信」を主題として、女性に自信を取り戻させるエンパワーメントがひとつの産業となり、自信をもつべしという命令が女性たちを捉えて苦しめる現状を論じる。そこでは、フェミニズム的なエンパワーメントの理想と新自由主義的な起業家的(アントレプレナー的)主体性が解きがたくからみあっている。その際に、かつてのフェミニズムでは否定されたであろう、強制的ジェンダーとしての女性性は、不問に付されるか、むしろ再肯定される。可視性のエコノミーにおいては、「傷」としての女性性からの解放は、女性性を捨てることではなく、女性性を「傷」ではない肯定される何かへと変えることによるのだ。

クリップ・セオリーの可能性

ポストフェミニズム／ポピュラー・フェミニズムにおいて起こっていることが、冒頭に述べたような「しごき」文化の見直しについても起こる可能性を考える必要がある。つまり、問題を整理すればこういうことになる――スポーツにおける男性性の反省が、人権としてのジェンダー平等という理念のためではなく、新自由主義的な資本主義の要請に従ったものになることを、いかにして回避できるのか? また同時にその際に男性性が(ポストフェミニズムにおいて別の形で女性性が再肯定されるように)別の形で再肯定され、差別的なジェンダー秩序が違った形で結局は保存されることを、いかにして回避できるのか?(1)

本論では、これらの問いに答えるにあたって「クリップ・セオリー」が有効な視座を与えてくれると主張したい。クリップ・セオリーのクリップ(crip)とは、crippled に由来する、身体障害者に対する蔑称であるが、クィア・セオリーが蔑称を奪用してみせたように(queer は元々は性的マイノリティに対する蔑称)、蔑称を自らの積極的な呼称として利用したものである。

本論の文脈でクリップ・セオリーが有効であるのは、二つ、もしくは三つの観点からである。クリップ・セオリーの旗手の一人であるロバート・マクルーアの次の記述はそれをみごとに要約している。

わたしはここで、「強制的健常身体性」とわたしが呼ぶものの理論を提示し、ディスアビリティをある意味では生み出している強制的健常身体性のシステムは、クィア性を生み出している強制的異性愛のシステムとどこまでもからみ合っていると主張したい——じっさい、強制的異性愛は強制的健常身体性に依存しており、逆もまた真であると。しかし、異性愛と健常身体性が結びつけられていたけれども不可視であった（そして具体化＝身体化され（embodied）、可視的で、病理化され、取り締まれた同性愛とディスアビリティを必要としていた）比較的長い期間は、支配的な諸アイデンティティと脱病理化された周辺的な諸アイデンティティがより可視的になり、ときには見世物的《スペクタクル》な様相を呈しさえするわたしたちの現代に道を譲ったのである。新自由主義とポストモダン状況はじっさい、可視的であり、見世物的にクィアな／ディスアビリティを持った存在に対して寛容な、健常で異性愛の主体をますます必要としているのである。

(*Crip Theory*, p. 2)

まず、クリップ・セオリーとは、障害学とクィア理論を交差させたものと定義できる。つまり、マクルーアがここで述べているように、障害者を抑圧排除する「強制的健常身体性」のイデオロギーは、「強制的異性愛」のイデオロギーとからみ合っているという指摘が、クリップ・セオリーの柱である。言い換えれば、障害（者）と、異性愛から逸脱する性のあり方は、重なりあう形でこの社会から排除されているというのが、クリップ・セオリーの中心の仮説なのだ。

この時、私たちは「障害」という訳からはこぼれ落ちてしまうものを意識する必要がある。つまり、障害は英語では disability であり、健常身体性と訳した用語は able-bodiedness である。それらの語根には able もしくは ability（能力）がある。この引用には明示されていないが、マクルーアの言う強制的健常身体性とは、ある種の能力主義の体制なのである。そしてこれについては拙著『新しい声を聞くぼくたち』（第四章など）で論じたが、マクルーアの見すえる能力主義は、普遍的なものではなく歴史限定的なものである。その歴史的文脈を名指す言葉が、引用の後半に見える「新自由主義」だ。マクルーアが批判的に論じる強制的健常身体性と強制的異性愛の連繫体制は、具体的に新自由主義的な資本主義という歴史的条件と結びつけられる。そこでは、何が能力であり何が非能力（dis-ability）であるかという線引きが、新たな形で行われているだろう。

私は『新しい声を聞くぼくたち』（第四章〜第六章）で、マクルーアの議論も参照しつつ、新自由主義下での障害者福祉の体制を、新たな健常者主義と新たな「能力」の観念にもとづく「新たなワークフェア体制」（134頁）として分析した。そこでは、簡単に言えば、多くの障害者が「就労可能」とされることによって福祉をはぎ取られるのだ。

さらに、先ほどの引用の後半でマクルーアは、その新自由主義の狡知をより深く考察している。つまり新自由主義は単に障害者やクィアを不可視のものにして排除しているわけではない。むしろそれは、クィアやディスアビリティを持つ主体に対して寛容性を示すことを要請しているというのだ。ここには、ポストフェミニズムにおける女性のエンパワーメントや、同状況下での異性愛男性の男性性保存戦略に近いことが起こっている。つまり、「表象することによって抑圧する」という機制が、ここでは働いているのだ（これについては次節でより具体的に論じる）。

以上がクリップ・セオリーのあらましということになる。本論ではこれがポストフェミニズム状況における男性性の「反省」とどう関係するのかということに関心があるわけだが、小括としては、「新たな男性性」が現在求められ再構築されつつあるとして、それが最終的に新たな健常者主義または強制的健常身体主義（すなわち新たな「能力」の定義）に舞い戻ったり、またそれによって別の形の男性性を保存し、ジェンダー構造を延命させたりするような方向性に対する批判的な視座をクリップ・セオリーは与えてくれるだろうということになる。

緊縮財政（austerity）と表象の貧困（austerity）
——2012年ロンドン・オリンピックの場合

ロバート・マクルーアは『クリップ・セオリー』に連なる著作として2018年に『クリップ・タイムズ』を上梓している。『クリップ・タイムズ』は、『クリップ・セオリー』以降の状況、つまり、2008年のリーマン・ショックから2010年代前半イギリスの保守党と自由党の連立政権による緊縮財政（austerity）の状況への対抗を強く意識して書かれている。つまり、新自由主義的な緊縮財政＝福祉カットがさらに進む中、障害者福祉もカットされたり民営化されたりしていき、そのためのイデオロギーとして先述の健常身体性の線の引き直し、能力と非能力との間の線の引き直しが行われる状況に対する抵抗である。

その事例として、第一章「表象の貧困（Austerity）、または、クリップの／クィアの地平線——障害（Disability）と収奪（Dispossession）」でマクルーアが2012年のロンドンオリンピックを扱っていることは注目される。（ちなみに冒頭で論じた桜宮高校の自殺事件も2012年であった。）マクルーアは、ロンドンオリンピック／パラリンピックが開催された2012年にネット上で流行になったある画像を分析する（図2）。これは、2009年に撮られた、南アフリカの短距離ランナーのオスカー・ピストリウスと、五歳のイギリス人の少女エリー・チャリス（その後競泳選手となり、2020年の東京パラリンピックに出場した）の写真である。チャリスは重度の髄膜炎のために両手と両足を失っている。

マクルーアはこの写真のオリジナルよりも、この写真が2012年になって改めてネット上で拡散された事情の方を重視する。図2の写真にはスコット・ハミルトンが言ったとされる「人生における唯一のディスアビリティは悪い態度（bad attitude）だ」というキャプションが加えられてTumblr に投稿されたものである。この写真は、図3のような明白な事例（チャンネル4のパラリンピックの広告）とともに、「インスピレーション・ポルノ」もしくは「クリップスピレーション（cripspiration）」として批判された。

図2　オスカー・ピストリウスとエリー・チャリス
（McRuer, *Crip Times* p.60）

図３　イギリスのチャンネル４の広告（*Crip Times* p.66）

つまり、障害者を理想化し、感動のための材料としてしまうようなものとして批判された。マクルーアは彼の主張を「ディスアビリティのインスピレーション付与的な理解は——アクティヴィストたちちは「インスピレーション・ポルノ」もしくは「クリップスピレーション」として批判されたのだが——新自由主義の体制権力が、国中のオリンピックとパラリンピックのスタジアムの外側でのアクティヴィズムから目を逸らそうとするにあたってとりわけ有用であった」（*Crip Times*, p.58）ということである。

　この写真は過剰でありつつ、同時に貧困（austerity）を抱えている。つまりピストリウスの写真は、「過剰に表象することによって排除・抑圧（foreclose）する」戦略の典型例である。ここで排除・抑圧されているものは多重である。まずはパラリンピックの開催に反対する勢力の排除はもちろんであるが、この写真にはさらにいくつかの排除がある。一つには、チャリスが装着した義足は、実は同時代の緊縮財政と福祉の民営化を表現している。彼女の義足は、ピストリウスが装着して有名になったアイスランドの義足メーカー、オズール（Össur）の義足にも似たもので、エセックスのドーセット整形外科がカスタムメイドしたものである。この写真から２０１２年のオリンピックまでの時期はイギリスの医療福祉制度の転換点であった。それまでのイギリスの医療、有名なＮＨＳの重要な柱は２００１年から存在したプライマリー・ケア・トラスト（ＰＣＴｓ）であった。地域の医療を差配する行政体と考えればよい。だが、２０１２年に成立する「医療・社会ケア法」によって、ＰＣＴは廃止されることになった。その後釜にはクリニカル・コミッショニング・グループ（ＣＣＧｓ）が設置された。詳細は省くが、ＣＣＧｓの一部は私企業にアウトソーシングされるなど、これは基本的に新自由主義化の流れであると考えてよい。ドーセット整形外科はＮＨＳの公的資金も利用しつつ、基本的には私営と市場化を志向する医療グループであった。ちなみに、チャリスの母もＮＨＳに不満を表明し、私営の医療に頼ってよかったと述べている（*Crip Times*, p.63）。

ロンドンオリンピック／パラリンピックと医療の民営化・市場化の問題をもっとも先鋭に表現したのは、オリンピックのスポンサーとなったフランスのＩＴ企業アートス（Atos）の問題であろう。この企業は、障害者の「労働能力査定」を請け負っていた。その使命はできるだけ多くの障害者を「就労可能」と判断し、福祉をカットすることであった。アートスをはじめとする施策によって、２０１０年には１８０億ポンドが福祉予算から削減された（p.67）。これは先述の、私が新しい健常者主義に基づくワークフェアと名づけた動きそのものである。その結果、オリンピックのスポンサーとなったアートスに対する抗議運動がオリンピック中のロンドンで行われた（図４）。

ピストリウスの写真についてもう一点マクルーアが指摘するのは、キャプションの引用元である、アメリカのフィギュアスケーターのスコット・ハミルトンの問題である。ハミルトンはかなり原理主義であることで知られる福音派のキリスト教徒であり、明確に同性愛嫌悪的な発言もしてきた人物だ（p.64）。それを考慮すると、「悪い態度」という表現にはかなり宗教的な響きがあるし、当然にその「悪」には同性愛も含まれるのである。

図４　ロンドンで行われたアートスへの抗議運動（*Crip Times* p.68）

このように、このピストリウスの写真は、オリンピック／パラリンピックが象徴する能力主義もしくは新たな健常者主義、その健常者主義と連繋しつつ医療福祉の民営化・市場化を進める新自由主義、そして同性愛嫌悪という要素を凝集したものになっており、マクルーアの言う強制的健常身体主義と強制的異性愛主義、そして新自由主義の結託をみごとに表現している。そこからはクリップ的なものは排除される。

泣く男

男性性の問題にかなり回り道の形でアプローチしてきた本論であるが、最後にピストリウスのその後について検討することでその問題に接近しよう。ロンドン・オリンピックとパラリンピックに出場した彼は、２０１３年２月に南アフリカのゲーティッドコミュニティの自宅で恋人のリーヴァ・スティンカンプを射殺した。彼は侵入者と間違えて射殺したと主張したが、２０１５年には最高裁で殺人罪の有罪が確定し、禁固13年５カ月の実刑となった。２０２３年には仮釈放が認められ、自宅に戻っている。

このスキャンダラスな事件と公判はもちろん世界のメディアの注目するところとなった。公判の間、ピストリウスの身体はさまざまな形でスペクタクル化される。図５のように、彼は泣いたり震えたりしたので、不安障害を疑われたりもした（p.69）。またさらには、図６のように、量刑言い渡しを前に、義足なしで法廷で歩いてみずからのディスアビリティを強調した。

マクルーアはそこでスペクタクル化されたピストリウスの身体イメージがもたらした排除を問題にする。要約すれば、排除されるのは南アフリカの、ピストリウスが暮らすゲーティッド・コミュニティの外側で有色人女性や性的マイノリティに加えられる暴力の現実である。皮肉というべきか、ピストリウスに殺されたリーヴァ・スティンカンプ自身がそのような暴力に対して反対の声を上げていた。殺される４日前に彼女は「南アフリカの人びとに対するレイプに反対の声を上げよう。アニーン・ボイセンよ安らかに眠れ。#rape #crime #sayNO」というツイートをしていた（p.80。正確には図７の通りのインスタグラム投稿）。アニーン・ボイセンとは、２０１３年２月２日に集団レイプ

図５　公判で泣くピストリウス（*Crip Times* p.69）

AFP BB News　Latest　Popular　News　SDGs　Sports　Video

ニュース　社会

義足ランナー・ピストリウス被告、法廷を義足なしで歩く

2016年6月16日 11:34　発信地：プレトリア/南アフリカ［アフリカ, 南アフリカ］

2/15

南アフリカ・プレトリアの高裁で、義足を外して法廷内を歩くオスカー・ピストリウス被告（2016年6月15日撮影）。(c)AFP/Alon Skuy

【6月16日 AFP】交際相手の女性を射殺したとして殺人罪で有罪が確定した南アフリカの両足義足のランナー、オスカー・ピストリウス（Oscar Pistorius）被告（29）が15日、来月の量刑言い渡しを前に、義足を外した状態で法廷を歩いて身体の虚弱性を訴えた。

首都プレトリア（Pretoria）の高等裁判所に出廷したピストリウス被告は短パン姿で、被告側弁護人のバリー・ルー（Barry Roux）弁護士の要請を受けて両足の義足を取り外すと、法廷内の机を支えにしながら、おぼつかない足取りでトコジール・マシパ（Thokozile Masipa）裁判長の前を歩いてみせた。

ピストリウス被告は2013年2月14日、恋人だったリーバ・スティンカンプ（Reeva Steenkamp）さん（当時29）を銃で撃って死亡させた。裁判では、侵入者と勘違いして寝室のバスルームのドア越しに発砲したと主張したが、2014年に過失致死罪で有罪判決を受け、今年3月に上訴棄却で殺人罪が確定した。

この日は3日間に及ぶ量刑審理の最終日で、検察側は禁錮15年以上を求刑。一方、寛大な量刑を求めているルー弁護士は、ピストリウス被告の障害の影響を強調し、事件当時について「午前3時で辺りは暗く、被告は義足を付けていなかった。体のバランスをとるのさえ難しい状態では、身を守ることはできなかっただろう。被告は不安で、おびえていた」と訴えた。

マシパ裁判長は、ピストリウス被告の量刑は7月6日に言い渡すと述べた。(c)AFP/Sibongile KHUMALO

図6　義足を外して法廷で歩くピストリウスについての記事（https://www.afpbb.com/articles/-/3090648 閲覧日：2024 年 3 月 18 日）

reevasteenkamp
いいね！: avareayt、他
reevasteenkamp I woke up in a happy safe home this morning. Not everyone did. Speak out against the rape of individuals in SA. RIP Anene Booysen. #rape #crime #sayNO
コメント1,256件をすべて見る
2013年2月10日

図7　リーヴァ・スティンカンプの死の 4 日前のインスタグラム投稿（https://www.instagram.com/p/Viq8nNwPRy/ 閲覧日：2024 年 3 月 18 日）

をされ、腹を切り裂かれて死んだ黒人の南アフリカ人女性である。

ボイセンの痛ましい事件が表現したのは、ピストリウスたちが住む安全なゲーティッド・コミュニティの外側の南アフリカを支配する、有色人種で女性というマイノリティが真っ先にさらされるような構造的な暴力の存在である。だが、「堕ちたヒーロー」というスペクタクルへと落とし込まれたピストリウスの裁判の表象においては、そのような構造的な暴力は後景に退いてしまう。

もちろん、男性として、そしてスティンカンプ殺害者としてのピストリウスは、南アフリカの構造的暴力の一端を担っている。だが、彼が「障害者」として法廷で表象されることで（それが結局量刑を軽くしたかどうかはともかくとして）そういった構造的暴力は後景に退いてしまう。だが、この構造的暴力は、有色人種、女性、性的マイノリティだけではなく、確実に障害者にも向けられているはずである。そのような被抑圧者としての共通性を、ピストリウスをめぐるスペクタクルは切断する。逆に、クリップ・セオリーの観点からすれば、それらの共通性は、マクルーアが「クリップの／クィアの地平線」と呼ぶものにおいて取り戻されるだろう。そして、スポーツと男性性をめぐる議論が、論じてきたような新自由主義、新しい健常者主義や異性愛主義（新しい「男性性」）という罠に陥らないためには、私たちは男性性をその「クリップの／クィアの地平線」まで連れて行く必要があるのだ。

（専修大学国際コミュニケーション学部）

【注】

（1）これらの疑問については河野『新しい声を聞くぼくたち』を参照。そこでは、新自由主義・ポストフォーディズム下での男性性の再編を論じ、例えば女性主人公の「助力者」となることや、多文化主義に適応した主体性を獲得することなどが、リベラル化という側面だけではなく、「別の形」での男性性の保存の戦略（つまり、構造的な男性優位は保存するための戦略）であることを指摘した。

【参照文献】

「大阪・桜宮高体育科入試を中止　橋下市長に生徒ら抗議、〝受験の機会奪うな〟」『しんぶん赤旗』２０１３年１月22日 https://www.jcp.or.jp/akahata/aik12/2013-01-22/2013012201_01_1.html（閲覧日：２０２４年３月11日）。
河野真太郎（２０２２）『新しい声を聞くぼくたち』講談社。
河野真太郎「懲罰幻想を超えて——告発型フェミニズムと男性たち」『世界』２０２３年９月号、１１２－１２１頁。
島沢優子（２０１４）『桜宮高校バスケット部体罰事件の真実——そして少年は死ぬことに決めた』朝日新聞出版年。
Banet-Weiser, Sarah. (2018) *Empowered: Popular Feminism and Popular Misogyny*, Duke UP.
Duggan, Lisa. (2003) *The Twilight of Equality?: Neoliberalism, Cultural Politics, and the Attack on Democracy*, Beacon Press.
Gamble, Sarah. (1998) “Postfeminism” *The Routledge Companion to Feminism and Postfeminist*, ed. Sarah Gamble, Routledge, pp. 43-5.
McRobbie, Angela. (2009) *The Aftermath of Feminism: Gender, Culture and Social Change*, SAGE.
McRuer, Robert. (2018) *Crip Theory: Cultural Signs of Queerness and Disability*, New York UP.
McRuer, Robert. (2018) *Crip Times: Disability, Globalization, and Resistance*, New York UP.

ジェンダー化された国民動員とスポーツ
―戦時期の日本を事例として―

鈴木楓太

はじめに

スポーツとジェンダーの関係を歴史的にとらえる際の重要なテーマの一つに、近代スポーツにおける「性のダブルスタンダード」の問題がある。これは、性別役割分担を基盤とした近代西洋社会で誕生した近代スポーツにおいて、スポーツをすることの目的や効果に関する位置づけが男女で全く異なっていたことを意味している。男性がスポーツを行うことが、社会の中堅を担う人物に期待された強壮な心身を獲得するための教育等として位置づけられていたのに対して、女性がスポーツを行うことは上流階級の社交や礼儀作法、子どもを産み育てるための健康の維持増進として位置づけられていた（來田、２０１８）。そこでは競争的で激しい身体活動を伴うようなスポーツは女性には適さないとされ、女性のスポーツ参加の大きな障壁となった。こうした性のダブルスタンダードの根底には、男女の区別と異質性を絶対視する性別二元性のイデオロギーがあり、トランスジェンダーの選手の権利を巡る現在の議論とも根を同じくしている。

この性別二元性に基づく社会においては、国家が国民に要請する身体と体力のありかたもまた極めてジェンダー化されたものであることは言うまでもない。すなわち、兵士および労働力としての男性と、丈夫な子を産む「健全な母体」としての女性である。そして、この「健全な母体」という女性身体の規範は、スポーツとの関係においては常に両義的であった。女性がスポーツに参加することの正当性を示す大義名分として機能した一方で、「母体」育成の範疇を超えた競争や激しい身体活動を伴うスポーツから女性を排除する理由にもなったからである。近代国家が女性を「国民化」する際、あくまでも私的領域（家庭）における再生産労働を通じて国家に貢献することを求める「分離型」（上野、2012）のジェンダー戦略をとった日本では、この図式が顕著であった。本稿は、そのなかでも、国民の身体のあり方に対する国家の要請が極限まで強められた戦時期（日中戦争期~終戦まで）に焦点を当てる。国民に対して、戦争遂行に動員する「人的資源」としての資質向上を要請した体力政策において、男女の体力はどのように定義されたのだろうか。また、そうした女性/男性の体力・身体を獲得するという政策目標との関係において、スポーツはどのように位置づけられたのだろうか。

1．人口政策の一環としての体育政策

戦時期の体育政策は、人口政策と強い関連をもって展開された。1938年1月に新設された厚生省には、従来の文部省中心の体育行政が不得手としていた社会体育全般を所管する体力局が置かれた。当初より、同省の体育政策の本質は「人的資源」としての国民の体力の向上と管理を目的とした体力政策であったが、1941年8月に体力局が廃止され、人口局が体育・スポーツを含む体力政策の所管を引き継いだことで、体育政策は人的資源の増強を企図した戦時人口政策の一環として明確に位置付けられるようになった（鈴木、2020）。

戦時人口政策の性質を一言で表すならば、兵士と労働力としての男性と「母体」としての女性という、ジェンダーの分離を明確にした国民動員政策ということになろう。この人口政策を基盤とした体育政策では、人的資源動員の3つの要素（兵力、労働力、母体）に対応した「男子青年」「女子青年」「産業人」、およびそれ以外の「一般国民」などの

カテゴリーで対象者を区分し、それぞれが人的資源として保持すべき体力を獲得することを目標として異なる運動種目が奨励された。そして、この方針は職場や地域で実施する日常的な運動から全国規模の競技大会にまで貫かれた戦時期体育政策の特徴であった（鈴木、２０２０）。もっとも、体力章検定（１９３９年〜）や国民体力法（１９４０〜）の対象が当初は20歳前後の男性のみであったことに象徴されるように、常に青年男性の身体の強化こそが優先事項であり、女性の体育や体力のあり方に関する議論は深められず、実践の後追いに止まっていた（鈴木、２０１９）。

2. 男女の体力のジェンダー化と序列化

こうしたなかにあって、女性が保持すべき体力のあり方とその標準値を示したのが、１９４１年に制定され、１９４３年から正式に実施された女子体力章検定である。体力章検定は、いわばスポーツテストの戦時版であるが、上級・中級・初級合格のための標準記録の設定を通じて国家が要求する体力の標準を明示することにその目的があった。検定種目（基礎検定種目）は、男子が１００m走、２０００m走、走り幅跳び、手榴弾投げ、懸垂屈臂、運搬50m、女子が１０００m速行、縄跳び、短棒投げ、運搬、体操であった。

この体力章検定は、１９３８年に男女2種類の検定として構想されながら、男子の検定が翌年から実施されたのに対して、女子の検定は制定まで3年、実施までに5年を要した。ここに先述した男性優先の体力政策の一例を見ることができるが、重要なのは、当初は「程度の差」として位置づけられていた検定種目の男女差が、その後男女の体力の異質性を反映したものとして読み替えられたことである（鈴木、２０１３）。厚生省体育官として男女の検定の制定に携わった栗本義彦は、１９３８年の構想段階では「全体を初級、中級、上級の三等級に分ち、更に男子と女子とに分けられ、従って『体力章』も六種類が出来る事となる訳です。即ち、その運動種目―例へば短距離走に於いて、男子を百米競走とすれば女子は六十米、男子を四千メートルとすれば、女子は二千メートルといふやうな標準になると思ひます」（『東京朝日新聞』１９３８年12月15日）と述べている。このように、元々男女の検定は類似したものとして構想されていた。

しかし、1941年8月の人口局設置と同時に発足した女子体力章制度協議会では、検定の意義や種目の選定基準に関して男性とは異なる「女子特有の」体質や体力に沿ったものにすべきであることが強調された。そして、第一に人的資源の源泉としての「母体」の養成が、第二に防空活動などを含む戦時の日常生活に必要な体力の獲得が、女性が保持すべき体力として明示され、検定種目にも大幅な変更が加えられた。

それを象徴するのが、従来厚生省が試験的に実施していた種目から60メートル走と走り幅跳びが除外され、代わって縄跳びと体操が採用されたことである。これは、「鍛練的競技的な短時間に極度のエネルギーを消費するやうな運動種目は之を避け成るべく緩徐なる総合的全身運動を採る」という協議会の方針によるものであると考えられる。近代スポーツの基本要素であるスピードと瞬発力を競うこれらの種目は、「健全な母体」の育成という大義名分のもとで承認されてきたが、「母体」育成に適した種目を取捨選択するより切迫した議論の中で除外されたのである。女子体力章検定におけるこうした体力観は、「女子にとって妊娠こそは正に体力章の上級以上のもの」という栗本の一言に集約される。男性と同じ25歳から変更された上限21歳という受験対象年齢は、人口政策で設定された女性の平均初婚年齢の目標値でもあった。

このように、「母体」への要請と銃後の日常生活を基準に種目が選定された女子体力章検定であったが、試験期間を経て本格的に実施された1943年秋の段階では、男性労働力の枯渇を補う女性労働力への要請が切迫しており、女子体力章検定も実際には「産業人」の体力向上を掲げて実施された。その際、種目はそのままで合格の標準記録が軒並み引き上げられたことは、そもそも女性の体力が過小評価されていたことを示唆しているが、産業人としての体力の標準が「母体」や銃後の生活に必要な体力の標準よりも高いという関係を示すことにもなった。このように、男性とは異なる「女子特有」の体力観を標榜した女子体力章検定は、結局は男女の「体力」の違いを優劣として把握する体力観に回帰したようにもみえる（鈴木、2013）。

労働力動員の対象として女性の体力が位置付けられたことで、男女の体力が序列化されたことは、戦争末期の1945年5月に大日本体育会が発行した冊子『厚生遊戯』からも読み取れる。ここでは、産業人の厚生的体育として計61種目が掲載され、巻末では男女別に「鍛錬的」種目と「慰安的」種目が整理されている。そして、女性では鍛錬的種目に分類された19種目中実に16種目が、男性では慰安的種目に分類されていた。

3．スポーツ種目の奨励／抑制とジェンダー

以上のように、戦時の人口政策において極限化した「母体」としての女性の身体に対する要請は、生理学的な側面からは女性のスポーツを抑制する方向に働いたと言える。一方で、「分離型」の動員政策を基盤に体育政策が展開されたことが、結果的に女性がスポーツをすることに正当性を与えた側面もあった。例えば、１９４３年3月に文部省が策定した戦時学徒体育訓練実施要綱は、男子学徒のスポーツ活動を大きく制限したものとして知られているが、女子学徒に対する方針は異なり、むしろ球技種目などを奨励するものであった。その理由は、戦場に直結するような訓練をスポーツよりも優先するという男子学徒への要請が、女子学徒に対しては存在しなかったからである。学校関係者との座談会でこの点に関する見解を求められた文部省体育局振興課長の北澤清は、「女子には寧ろ球技を全面的に取上げてやつていいと思ひます」と述べている（鈴木、２０１２）。

同じ時期、厚生省も2つの人口局長通牒等を通じて対象者毎に奨励する体育の内容をまとめた方針を発表している。その要点は、青年層に鍛錬的内容を課す一方で社会人や「一般国民」には慰安や厚生の観点からスポーツや遊戯を奨励することにあった。5月21日の朝日新聞の報道によれば、実施対象と奨励種目の詳細に関する人口局長中村敬之進の解説は次のようなものであった。

一、青年は常に基礎的体力の錬磨を旨とし例へば体力章検定、行軍、水泳、スキー、体操を実施して総合的体力を培ひ同時に銃剣術、射撃、野外総合戦技訓練或は柔、剣道などを錬磨して国防能力を高めること。

一、青年女子は健母育成を旨とし戦時家庭生活を遂行出来る体力を築くこと、そのため女子体力章検定（目下準備中）に参加しあるひは隣組防空の完璧を期し平素バケツ継走や物量の運搬その他防空活動に適した体育行事を行ふやふ心がけること

一、勤労人のうち青少年は基礎的体力の錬磨を、女子は体操、排球、籠球、薙刀などを適当とし、壮老年は明日の勤労力培養のため厚生的種目を選ぶこと、例へば軟式野球、庭球、排、籠球などは適当とする。

一見して、青年、青年女子、勤労人という区分と奨励された体育の内容が、人口政策における人的資源動員の3つの要素（兵力、労働力、母体）に対応していること、そして「勤労人」のなかでも女性と壮年者に対してスポーツが奨励されていることがわかる。実施対象と奨励種目に関するこうした方針は、職場や地域を実践態とした日常的な体育活動から全国レベルの競技大会までに通底していた。

4. スポーツ種目のジェンダーイメージ

以上のように、戦時期の体育政策ではジェンダー化された人的資源動員の論理に基づいて実施対象と奨励種目の対応関係が示され、兵士予備軍として戦闘に直結する訓練が最優先された青少年男子において、政策上スポーツは最も大きな制限を受けた。ただし、陸上、水泳、スキー等は軍事上の有効性が認められていたように、種目によって状況は大きく異なっていた。そして、こうした実施対象と奨励種目の対応関係は、それぞれの種目のジェンダーイメージと結びついていた。

この点については、陸海軍における男性性とスポーツの関係について論じた高嶋航の研究がある。高嶋は、戦時期においても海軍が兵士に求める男性性とスポーツは矛盾しなかったが、陸軍においてスポーツは「男らしくない」ものであるとみなされるようになり、軍事訓練優先の鍛錬の方法から除外されたこと、さらにスポーツ界や体育行政への介入を通じてこうした陸軍によるスポーツのジェンダーイメージが影響力を持ったことを明らかにしている（高嶋、2014）。その際、最も「男らしくない」とされたのは、卓球、軟式テニス、バレーボール等の種目であったが、その男性性が否定される際には、それらは「婦女子の遊戯」にすぎないというのが常套句となっていた。このことは、これらの種目が女性性を付与された上で劣位に位置付けられたことを示している一方で、それゆえに女性に適した種目としてむしろ奨励されたと見ることもできよう。

先述した学徒体育訓練実施要綱に関する座談会で、バレーボールを女子の奨励種目としてのみ例示した北澤清は、男子でも「相当強健ならざる学生生徒」が実施することは適切であると述べている。バレーボールは、まさに女性が「強健ならざるもの」とみなされたことで奨励されたのである。上述の「男らしくない」種目のうち卓球とバレーボールは、1920年代以来一貫して中等学校における運動部設置率で女子が男子を上回っており、元々女性に適当な種目であるとされていたが、男性性の欠如と女性性のイメージが表裏一体であるという関係は、戦時期においてなおさら顕著になったといえる。一方で北澤は、「大きく運動場を馳駆する運動が今まで女子には欠けてゐた」という理由で、それまでほとんど普及していなかったハンドボールを奨励種目に挙げた。このように、女子学徒に対する球技の奨励は、男性よりも弱い身体の持ち主であるという女性観を再生産する一方で、より活動的なスポーツによって高い運動能力の獲得を求めるという、両義的な性格を持っていたのである（鈴木、2012）。

加えて、実施対象と種目に関する厚生省の方針で既に見たように、男性であっても「産業人」や「勤労人」と区分された人々に対しては、男子学徒に対しては「男らしくない」とされたバレーボールや卓球等、軟式テニスなども大いに奨励された。その背景には、スポーツの正当性が危機に瀕する中でこれを存続させようとしたスポーツ界の働きかけもあった。戦前の日本における競技スポーツの中心的担い手であった男子学徒のスポーツが否定されてゆくなかで、スポーツ界は産業人の厚生的体育としてスポーツの活路を見出そうとした。最終的に、戦時期の体育政策においては、兵士としての男性性を求められない女性や産業人男性に対して、厚生や慰安の効果が期待された「男らしくない」種目が奨励されるという形で、スポーツが存続したのである。

また、やや文脈は異なるが、一般国民の慰安として位置付けられた団欒的な体育行事でも、例えば運動会種目の中には前線と銃後の役割分業を連想させる種目名を冠して男女に振り分けられたもの（男性向けの「騎馬進軍」「大砲奪ひ」「決死の伝令」「撃沈競技」、女性向けの「防空競技」「すは、警報だ」「子宝部隊」等）や、家族制度や隣組制度におけるジェンダーと世代等を含む諸関係がチーム構成に持込まれたもの（「総動員継走」「回覧板継走」など）が、時局を反映した種目として登場した。これらは運動種目の形態というよりは、表象的なレベルにおいて運動種目の戦時化とジェンダー化が結びついた事例であった（鈴木、2014）。

5．戦争末期のスポーツする身体

ジェンダー化された人的資源動員の要素に対応して実施対象を区分し、その区分に対応した奨励種目を示すという厚生省の体育政策の基本方針は、戦争末期まで継続された。先に見た『厚生遊戯』もその一つである。ただし、生活状況が逼迫し、用具などの物資が欠乏し、本土空襲が始る中で、どの程度の実効性があったかは疑問である。また、1943年9月の段階で人口局錬成課長の宮脇倫が懸念したように、学徒スポーツの冷遇を受けて、当局の意に反して世間がスポーツ全般を忌避する傾向にあった（鈴木、2020）。とはいえ、厚生的な体育におけるスポーツの価値を認めた厚生省方針が、散発的にではあれ存続したスポーツ実践に正当性を付与していたことは確かである。最後に、その一例として学徒の勤労動員中のスポーツのシーンをとりあげてみたい。

1944年4月以降、中等学校以上の学校では漸次授業が停止され、学徒は近隣や遠方の企業や軍施設での労働に従事することになった。動員先によって学徒たちが置かれた状況は実に様々だが、職員や学徒同士でスポーツを楽しんだ記録も数多く残されている。例えば、鶴見高等女学校の動員先の一つであった東芝堀川町工場では日常的にバレーボールの練習や試合が行われていたが、1945年6月22日の日誌には次のようにその情景が記されていた。

> バレーの練習をする。この事が何故か新しい喜びとなって胸にひろがる。今日の試合には皆の期待に背かぬ様な結果が生れる事を念じ、又さう信じて軽く打上げるボールのあざやかさ、そして皆の顔のすがすがしさ、空気は静かにすんでゐた……。何といふ美しい朝だったらう。すべてが自然で、すべてが溌剌とした朝！本当に嬉しい朝だった。（中略）
>
> 十五分前から昼食をして外へ飛び出す。もう皆応援に来てゐた。実践とは中止で、横浜高女との試合だった。力一杯、もう唯力一杯夢中でやった。あの時の私達は唯

一生懸命にやるといふ事が最悪の場合の皆に対する面目であり、つぐないでもあったから――。勝負は一対一で終ったが、横浜高女は強敵であった。職場にかへってご苦労様と皆にいはれたのが妙に恥ずかしかった。

（「東芝堀川町工場八千代会の日誌」『川崎空襲・戦災の記録 資料編』1977年収録）

この日誌に先立つ4月上旬には、川崎も空襲によって大きな被害を受けていた。そうした状況にあって、バレーボールの練習に打ち込み、母校の代表として試合に出場することが、プレーへの没入や身体の解放感をともなって経験されていたことが読み取れる。これをジェンダーの視点で直ちに意味づけることは難しいが、少なくともそこには国家が要請した「母体」という規範が書き込まれた受動的な身体に収まらない、生身の身体の感覚があったことは確かである。

おわりに

以上、本稿では戦時期の日本を対象として、人口政策におけるジェンダー化した人的資源動員の論理と密接に関連しながら展開された体育政策において、男女の体力がどのように定義されたのかを確認したうえで、スポーツの奨励と冷遇の諸相と、スポーツ種目に付与されたジェンダーイメージについて概観した。日本の場合、1920年代以来の女子スポーツの発展過程でその障壁となっていたのは、生理学的見地からの批判というよりも「容儀」等と表現された広義の「女らしさ」の問題であり、ある種目が現に普及しているという事実が「健全な母体」の育成への貢献という自明の大義名分によって意義付けられていた（鈴木、2019）。戦時期には「健全な母体」は単なる大義名分に止まらず、人的資源として銃後の家庭生活の遂行と共に女性が獲得すべき具体的な体力の目標となったが、その手段とされたのは家事や日常生活に根差した運動であり、スポーツではなかった。

一方で、スポーツは青年男性以外の「人的資源」に対する厚生的な体育の手段として奨励されることとなった。その結果、大まかに言えば、青年男性よりも産業人や一般国民に、また学生では男性よりも女性に、産業人では青少年よりも女性や壮老年において、相対的にスポーツの奨励

／容認の度合いは高くなった。近代スポーツの歴史において、スポーツとジェンダーの関係が問題にされたのは基本的に常に女性であったが、近代国家が男性国民に対して求める兵士としての貢献は、その要請が極限まで肥大した戦時期において、初めて男性故にスポーツとの関係が問題となるという状況を生んだのである。（京都先端科学大学）

【注記】

本稿は、筆者がこれまでに執筆したいくつかの論文（参考文献に記載したもの）の一部を再構成し、加筆修正したものである。

【参考文献】

來田享子（２０１８）「近代スポーツの発展とジェンダー」『よくわかるスポーツ文化論』ミネルヴァ書房。

鈴木楓太（２０１２）「戦時期のスポーツとジェンダー―文部省の「重点主義」政策の検討を中心に」『一橋大学スポーツ研究』30巻。

鈴木楓太（２０１３）「女子体力章検定の制定過程―戦時下の体力動員に関するジェンダー視点からの分析」『体育史研究』30巻。

鈴木楓太（２０１４）「戦時期における市町村民運動会―明治神宮地方大会の考察」『一橋大学スポーツ研究』34巻。

鈴木楓太（２０１９）「戦時期における女性スポーツの意義に関する一考察―『健全な母体』と『普及性』との関係を中心に」掛水通子監修、山田理恵・及川佑介・藤坂由美子編著『身体文化論を繋ぐ：女子・体育・歴史研究へのかけ橋として』叢文社。

鈴木楓太（２０２０）「戦時期の体育政策における対象者の区分と奨励種目―厚生省の四三年方針を中心に―」『民衆史研究』98号。

高嶋航（２０１４）「戦時下の日本陸海軍とスポーツ」『京都大學文學部研究紀要』第53号。

上野千鶴子（２０１２）『ナショナリズムとジェンダー新版』岩波書店。

女子サッカー選手における ＡＣＬ（膝の前十字靭帯）損傷の問題

松原 渓

トップ選手たちが次々にＡＣＬを損傷

女子サッカーでは、ここ数年、各国の主力プレーヤーにＡＣＬ（膝の前十字靭帯）損傷者が続出。特に、競技レベルの向上やプロ化が進んでいるヨーロッパでは、代表クラスのトッププレーヤーに受傷者が増えている。

ＡＣＬは大腿骨（太ももの骨）と脛骨（すねの骨）を繋ぐ強力な繊維束で、急激な方向転換や強度の変化、着地の失敗などが断裂の要因となる。復帰までに要する期間は最低8～10か月で、1年以上かかるケースも。再受傷率は約2割で、アスリートにとっては選手生命を絶たれかねない大ケガだ。

イギリス大衆紙の「ガーディアン」によると、昨夏のワールドカップは、出場する可能性があった37人の代表選手が欠場を余儀なくされたという。また、同誌は、直近の3年間で「195人以上の女子選手が前十字靭帯を損傷した」ことも報告している。今年の1月から2月にかけては各国代表選手の負傷が続き、オーストラリアのエース、サマンサ・カーやオランダのジル・ルード、パラグアイのカメリア・アリエッタやアメリカのミア・フィシエル、アイルランドのジェイミー・フィンらがＡＣＬのケガで離脱することが発表された。

なでしこジャパンは、不動のサイドバックだった遠藤純が所属するエンジエル・シティの合宿中に左膝のＡＣＬを損傷。今年2月のアジア最終予選を控えたチームに大きな打撃となった。その1カ月前には、同じくなでしこジャパンの猶本光とＷＥリーグＭＶＰの安藤梢が、皇后杯準決勝でともに左膝のＡＣＬを損傷。遠藤と猶本はパリ五輪メンバー入りも有望視されていた中で、無念の離脱となった。

女子アスリートのＡＣＬ損傷の原因究明や対策強化は急がれているものの、万国共通の予防法は確立されていない。なぜなら、考えられる要因が複数にわたり、それらが複合的に絡み合っている可能性があるからだ。

男性と異なる体の構造

女子選手がＡＣＬを損傷する可能性は、男性の4～8倍になるとも言われる。最も大きな要因は、骨格の違いだ。骨盤から膝までの角度（Q―アングル）が男性よりも大きく、ジャンプして着地した時に膝が内側に入りやすい。関節や結合組織などの構造の違い、月経によるホルモンバランスの変化なども、原因として挙げられる。

なでしこジャパンのチームドクターとして、２０１１年のワールドカップ優勝や12年のロンドンオリンピックの銀メダルを支えた原邦夫医師は、これまでに多くのＡＣＬの手術を担当してきた（フィギュアスケートの高橋大輔やマラソンの福士加代子のオペも担当）。同氏の研究によると、女性のＡＣＬ損傷は、競技別ではバスケットボールとバレーボールの比率が高く、コンタクトが少ない非接触型の受傷が多かったという。横の体重移動をする際に、相手のフェイントなどに引っかかることで体重がかかったまま逆方向に移動しようとすると、膝から下が外に向くため、ＡＣＬを損傷しやすい。一方、男性はラグビーや柔道など、接触型のスポーツで起こることが多く、タックルなどが膝に入って膝下が回旋することによる受傷の割合が多かったという。

また、女性は男性に比べて筋肉量が少ないことでＸ脚になりやすく、急な方向転換も受傷機転となる。関節の可動域が骨格の範囲を超えると、動きを制御する靭帯に負荷がかかる。「ジョイントラキシティ（関節弛緩性）」と言って、膝下が１８０度を超えて反り返ってしまうケースは特にリスクが高いという。

試合数増加と慢性的な疲労

そうした男性との体の構造の違いに加えて、女子サッカー界で受傷者が増えている理由として指摘されるのは、プレー強度の向上や、試合数の増加だ。世界的にプロリーグが普及している男子に比べて、女子は近年、急速にプロ化が進んでおり、環境の変化に体がついていけず、膝を壊してしまう。

欧州では男子のビッグクラブが女子チームへの投資を進めており、観客数も飛躍的に増加。30試合程度だった年間試合数が50試合以上に増えたクラブもある。チャンピオンズリーグや欧州選手権、ネーションズリーグなど、国際試合の増加により、主力選手は強度の高い試合を何試合もこなさなければならなくなった。その分、膝にかかる負荷も大きくなり、長距離移動や、休みが減ることによる疲労の蓄積が追い打ちをかけている。

ＦＩＦＰＲＯ（国際プロサッカー選手会）が昨年12月に発表したレポートによると、「ＡＣＬのケガを負ったエリート選手は、負傷していない選手に比べて試合数が多く、試合の間の休息が5日未満で、負傷する前の28日間の休みが少なかった」という。また、「負傷していない選手よりも多くの距離を移動し、タイムゾーンを超えた」と報告されている。

前述の原医師によると、海外では「ケガは試合の後半に多い」という報告があり、疲労とケガの因果関係も指摘されている。その中で、選手たちはどのように自衛しているのだろうか？なでしこジャパンのセンターバックを務める南萌華は、２０２２年に浦和からＡＳローマ（イタリア）に移籍後、１シーズンで公式戦の数が2倍になった。それでもケガをせずにシーズンを戦い抜くことができた理由について、「試合をこなせばこなすほど体が慣れて、試合のペースに合わせて休みもしっかり取るようになった。ケアやストレッチにも時間をかけて、試合のサイクルに慣れていった」と振り返っている。

強度とコンディションの影響

日本では、２０２１年にＷＥリーグ（日本女子プロサッカーリーグ）が発足。試合数はカップ戦も含めて30試合前後と、欧州に比べて多くはないが、ＡＣＬ負傷者は後を絶たない。筆者が調べたところでは、ＷＥリーグで膝を負傷（半月板損傷、側副靭帯損傷、再受傷を含む）した選手の数は、２０２１年から２０２４年までの２シーズン半で「62」人。特に、1年目と2年目で50人もの選手がケガをしている。

原因としては、プロ化による「プレー強度の向上」、「練習時間の増加」などの環境の変化が最も大きいと思われる。加えて、シーズンがそれまでの春秋制（3月から10月）から秋春制（11月から6月）に移行し、寒冷期の試合が増えた影響も否定できない。寒いと筋肉がこわばって柔軟性が下がり、関節の可動域が狭くなる。ＷＥリーグで発表された「62」のリリースのうち、5月から10月に起きたケガは「23」、寒冷期の11月～4月のケガは「39」と、寒冷期が62パーセントを占めた。ＷＥリーグはプロ化によって各チームの運営予算が増したため、選手の登録数は男子ほど多くない。一人でも離脱すると、チームにとって打撃となる。

Ｊリーグも、２０２６年からは秋春制に移行することが決まっているが、寒冷期や寒冷地でのトレーニングを踏まえたケガの予防策はあらかじめ講じておくべきだろう。

スパイクや人工芝の影響

練習や試合で使用するスパイクもリスク要因のひとつだ。スパイクは男性向けに設計されているものが多く、「グリップが利きやすい」、「足に合わない」等のリスクに対してインソールで調整するなどの工夫も対策になる。女性の体にフィットするようなスパイクの開発も進められてはいるが、需要に供給は追いついていない。

また、人工芝は一般的に天然芝よりも滑りにくく、足首や膝にひねるストレスがかかりやすいとわれる。ACL損傷との因果関係は証明されていないが、「男子のアメフトで会場が天然芝から人工芝に変わるとケガ人が多くなった」（原医師）という報告もある。ローマでプレーする南は、毎試合前にグラウンドをしっかりチェックし、滑りやすいグラウンドでは「ステップの数を増やしてターンしたり、グラウンドによって対応を変えたりした」と話していた。環境が変わりやすい状況では、そうした個人の工夫も重要なポイントとなる。

育成年代のリスク

ACL損傷は、10代の症例も多い。スポーツトレーナーとして大学や中学生年代の女子サッカーチームのメディカルトレーナーを務め、自身も整骨院を開業している菊地奈美子医師は、10代のACL損傷の症例を数多く見てきた。正しい着地フォームを教わっていない若い選手はケガをしやすく、「トレーニング時の負荷のかけ方」にもリスクは潜んでいるという。

例えばスクワットをするときには、もも前だけでなく、臀部とももも裏の筋力もバランス良く鍛えられるように、指導者は、なるべく早い段階から正しいトレーニングフォームを意識させることが大切だという。

ホルモンバランスの変化

近年注目されているのは、月経との関連性だ。ホルモンバランスの変化は、パフォーマンスや精神面に少なからず影響する。ただし、スポーツや運動科学の研究のうち、女性のみを対象にした研究は6％にとどまっているのが現状で、「月経周期がACLのケガに関係している」という説は医学的に証明されていない。だが、その因果関係は無視できない。

スポーツ界は男性コーチの割合が多く、そうした女性の体の構造的な違いやホルモンバランスの影響に関する指導者の知識不足も課題だろう。

女子サッカー界でいち早く、その点に着目して行動を起こした指導者が、エマ・ヘイズ監督（アメリカ女子代表監督に就任予定）だ。2012年から2023年まで、イングランド1部のチェルシー・レディースFCで長期政権を築き、通算6度のリーグ優勝、2

度のリーグカップタイトル獲得、チャンピオンズリーグ準優勝などの成功を収めた47歳の名将である。

彼女は戦術的にも秀でた指導者だが、女子選手のケガ予防にかける熱意は卓越していた。２０１７年末に来日したとき、同氏は「特に、女性の月経周期がどのようにプレーに影響するかということは、男性指導者も知っておくべきことです。知らなければ選手にケガをさせるリスクが高まり、結果的に試合に負ける可能性も高まります」と熱い口調で語っていた。

ヘイズ監督が示した予防法の一つは、アプリによる月経周期の管理だ。28日間を一つの月経周期とした場合、最も注意しなければならないのが月経前の4日間（25日〜28日目）で、その時期をＰＭＳ（月経前症候群）と呼ぶ。ＰＭＳの時期には、「反応速度が落ちる」、「神経と筋肉の間の調整力が低下する」、「血糖値が下がる」、「体がむくんで関節に負担がかかる」、有酸素機能が下がり、筋力が下がりやすい」などの症状が出る。月経開始から最初の14日間（月経1日目〜卵胞期）は、エストロゲンというホルモンの値が上昇。この時期は筋力アップや、筋疲労の回復が遅れるという。また、28日間の周期の中間（12日目〜17日目あたり）は、脳も心臓も活発に働く時期で、パフォーマンスが上がる。ヘイズ監督はそうした基本的な知識に加え、疲労骨折の既往歴や骨密度をチェックし、選手ごとにトレーニング負荷を調整。食事内容のアドバイスなども行っていた。

昨季、女子チャンピオンズリーグ王者に返り咲いたバルセロナも、主力選手のＡＣＬ損傷を避けるために、今は選手の月経周期を管理しているという。また、ホルモンバランスやコンディションをコントロールするために、低用量ピルは有効な対策として普及している。

また、前述の菊池医師は、ＰＭＳの時期にホルモンバランスを整えるための栄養素に着目。たんぱく質、鉄、ビタミンB群、亜鉛（牡蠣、ホタテ、ウナギ、カシューナッツなどに含まれる）などは積極的に摂るべき栄養素だという。

「脳の使い方」の違い

ヘイズ監督が指摘したもう一つの重要なポイントが、男性とは「脳の使い方が違う」ことだ。女性は左脳と右脳、脳の前後を使い分けることで、いろいろなことを同時にできる強みがある。

一方、月経の時期にセロトニンという物質が脳内で不足し、集中力の欠如や食欲の増加、不眠、筋肉痛などの症状が現れる。そういう時には、サプリメントを使った調整も効果的になる。男性に比べると下半身の脂肪率が高いこともあり、「長距離を走る時に脂肪を燃やしやすい」ことも女性の特徴だ。そのため、プロテインを活用することでエネルギー効率をさらに良くすることもできるという。

強豪国を中心に進む原因究明と予防

ＡＣＬのケガは前述してきた複数の要因が複合的に絡み合っているケースがあるため、確実な予防策はない。だが、女子サッカーの強豪リーグを抱えるイングランドは理学療法士や医師が継続的に研究を進めているし、昨夏のワールドカップで世界王者に輝いたスペインのメディアも、ＡＣＬ損傷に関して積極的に発信するなど、世界的にＡＣＬのケガ予防への意識の高まりが感じられる。

ケガの予防プログラムとして世界的に広く知られているのは、ＦＩＦＡ（国際サッカー連盟）のスポーツ医学委員会がサッカー選手向けの障害予防策として発表したウォームアッププログラム「The11+（イレブンプラス）」だ。特別な器具などを使わず、柔軟性や瞬発力、バランスなどを強化することで下肢の障害を減らすのに有効とされている。ただし、前述の原医師は、トップアスリートの多くは同プログラムを「習慣的に身につけている」とした上で、練習前だけでなく、練習後や、試合後の疲労している時に取り入れることも有効ではないかと提案する。疲労とＡＣＬ損傷の関連性に着目し、「疲労した状態でも筋力と瞬発力を維持する」ことが目的だ。

国内の取り組み

国内の女子サッカーでのいくつかの取り組みを紹介したい。ピラミッドの最上位に位置するプロのＷＥリーグでは、ＩＮＡＣ神戸レオネッサの取り組みが光る。同クラブは、「グラウンド」「移動」「食事」「休息」の４点を重視し、興行としても行っていた地方でのキャンプを数年前から廃止。移動を減らし、慣れたグラウンドで練習することでリスクを減らし、リーグ発足２年目までの負傷者数は、全チームの中で最少（２人）だった。

男性指導者では、ミャンマー女子代表やＷＥリーグのＩＮＡＣ神戸などで指揮を執った熊田喜則監督が旗振り役の一人だ。同氏は明治医療国際大学で女子選手の骨格やケガとの関連性を学び、「女子選手は扁平足が多く、かかとが上がらない」、「骨盤を前傾させることによってＡＣＬが切れやすくなる」、「生理周期に合わせて骨盤が開くため、関節が緩くなる」などの知識を習得。同大学女子サッカー部で指揮を執った3年間では、ＡＣＬのケガをする選手が一人も出なかったという。その後も、他のクラブでケガ人を減らすアプローチを続けている。

また、ＷＥリーグ・ノジマステラ神奈川相模原の前指揮官である菅野将晃監督は、オフ明けに「ファルトレク」というトレーニングを実施していた。室内の筋トレではなく、ピッチ上のいろいろな動きの中で膝回りの筋肉を鍛え、ケガ予防につなげることが目的だ。同氏はさまざまなカテゴリーで指揮を執ったが、ＡＣＬ損傷の数は非常に少なかった。

現在、なでしこリーグ1部のオルカ鴨川ＦＣで指揮を執る辛島啓珠監督は、ヘイズ監督のアプローチに近い。昨年まで指揮していた南葛ＳＣウイングス(関東女子1部)では、Ｇｏｏｇｌｅフォームで各選手の疲労度や痛みの有無について報告してもらい、特にケガが多いオフ明けは気をつけていたという。同監督は、男子選手に比べて女子選手は指導者からの言葉や要求に対して１００パーセントで応えようとする傾向があるため、「選手自身がセルフコントロールをすることが大切で、状況によっては〝やっているふり〟をすることも必要だと思う」と語っていた。

女性活躍社会が後押しするヘルスリテラシーへの関心

女子アスリートにＡＣＬ損傷が多い問題は長年にわたって議論されてきたが、調査や研究は遅々として進んでこなかった。だが、その流れに変化が起こりつつある。社会の最前線で女性たちが活躍する時代になり、女性特有の健康問題への対処法や、仕事のパフォーマンスを高めることへの関心が高まっている影響もあるだろう。発展を続ける女子サッカー界のトッププレーヤーたちは、活躍する女性のアイコン的な存在であり、当事者である選手たちからも「ＡＣＬに関する研究を進めてほしい」という切実な声が上がっている。

二度のバロンドールを受賞したバルセロナのアレクシア・プテジャスは、その研究と同時に、女子選手たちのプレー条件の改善を希求する。昨夏のワールドカップでは賞金の大幅な増額によって男女平等賃金への大きな一歩が踏み出され、宿泊施設や飛行機のクラスを上げるなどの配慮もなされた。そうした流れの中で、ＡＣＬのケガに対する研究もさらに進み、指導者や選手、競技関係者や各ステークホルダーも含めて知識が深まり、意識が変わることに期待している。そして、ケガによって苦しむ選手が少しでも少なくなることを願うばかりだ。

（スポーツジャーナリスト）

時評

進む五輪・パラスポーツ連携、パリ・パラリンピックに向けて

畔川吉永

障害者スポーツの祭典、パラリンピック・パリ大会が８月28日に開幕する。直前に行われるパリ五輪に引き続き同じ都市での開催となるが、五輪を主催する国際オリンピック委員会（ＩＯＣ）とパラリンピックを主催する国際パラリンピック委員会（ＩＰＣ）が同一都市で大会を実施することを決めたのは夏季では１９８８年のソウルから。１８９６年のアテネ大会から１２０年以上続く近代五輪に比べて、パラリンピックの第1回大会は１９６０年ローマでその歴史はまだ浅い。このため、今回のパリ五輪は１９００、１９２４年に次いで１００年ぶり3度目になるが、パラリンピックは今回が初めてのパリ開催となる。「広く開かれた大会」をスローガンに掲げ、大会エンブレムや聖火リレーで使用するトーチを五輪・パラリンピックで共通化したほか、大会マスコットも五輪、パラリンピックどちらもフランス革命時に自由の象徴とされた「フリジア帽」をモチーフにした「フリージュ」だ（ただしパラリンピックでは「フリージュ」の右足が競技用の義足になっている）。健常者と障害者の共生が進んだ成熟した社会を示そうと、五輪との結びつきをかつてないほど強く意識しているパリ・パラリンピックの見所などを紹介したい。

＊

最初に挙げたいのは今大会に挑む日本の歩んできた道とその現在地だ。メダルの数がすべて――という訳ではないが、パラリンピックはトップアスリートがしのぎを削る世界最高峰の舞台だけに、スポーツファンのみならず国民全体からの関心も高く、その分結果に対する期待も小さくはない。個々のアスリートのパフォーマンスに注目が集まり、メダルに輝いた選手やチームが称賛されるのも自然な流れだろう。メダル数ということで振り返ると、記憶に新しいのは２０２１年東京パラリンピックだ。直近の東京五輪で日本勢が活躍した勢いをそのまま引き継いだ格好となり、日本選手団は金・銀・銅

合わせて51個のメダルラッシュとなり、58個だった五輪の時と同様、日本のスポーツ界に歓喜の輪が広がった。

新型コロナウイルス下で行われたため、大会は原則無観客だったが、障害のある選手たちが工夫や努力、競技に対するひたむきさを武器に存分に力を発揮する姿は多くの人の心を感動させ、スポーツが持つ爽快さを画面などを通じて見ている人たちが味わった。

＊

一方、東京パラリンピックは結果の面では２０１３年に五輪・パラの東京開催が決まった後に実施された16年リオデジャネイロ・パラリンピックでの苦い経験からの反転攻勢を果たしたとも言えた。メディアが五輪・パラリンピックでメダル数を基に各国・地域の優劣などを比較する際、「メダルランキング」という言葉を使うことがある。これは正確には「金メダルランキング」で、金メダルの数によるランキングが銀・銅を含めた総数によるランキングよりも優先されるものだ。日本はリオデジャネイロ・パラリンピックではメダル総数24個と12年ロンドン・パラリンピックの16個から伸ばしたものの、金がゼロだったためメダルランキングでは50位にも入らなかった。実際には惜しい所で世界一を逃したケースもあったが、自国での次回大会開催を控えていただけに、課題が残る結果となった。

危機感を持った国内統括団体の日本パラリンピック委員会（ＪＰＣ）やそれぞれの競技団体（ＮＦ）は国の支援を受けながら頂点を意識した強化を積極的に推し進めた。メダルの有望な競技へ重点的に強化費を配分し、１人が複数種目で活躍する「マルチメダリスト」の育成や指導者・トレーナーへの報酬をＪＰＣが拠出する専任スタッフ制度も充実させた。２０１８年にパラ専用体育館「パラアリーナ」（東京都品川区）、翌19年にはバリアフリー設備が施された「味の素ナショナルトレーニングセンター（ＮＴＣ）」イースト棟（東京都北区）もオープンするなど、ハード面も含めてトップレベルの選手の環境が整備された結果、東京パラリンピックではメダル総数で過去２番目に多い51個を量産した。注目されていた金メダルも13個と４大会ぶりに２桁台に乗せてメダルランキングで11位と大きく盛り返した。

東京パラリンピックは新型コロナ拡大のため前例のなかった一年間の大会延期、チームや代表選手の感染予防や健康・行動管理に関する様々な取り組み――と関係者にかかる重圧は過去の大会に比べても格段に大きかった。印象的だったのは大会終了後に行われた日本選手団の団旗返還式での河合純一・日本選手団長のスピーチだった。「素晴らしい成績は選手の皆さんが全力を尽くした証しで、見えない壁や限界を一つ超えることが出来た。貴重な経験はかけがえのないものだから日本で開催されたパラリンピックの重さや経験を語り継いで欲しい。それが『レガシー』になる」と述べたが、途中、河合団長は涙で言葉に詰まる場面があった。パラリンピック、そして日本の障害者スポーツの歴史に新たな1ページが加わる瞬間となった。

＊

河合氏が語った「レガシー」だが、大会に向けての多くの施策が丁寧に受け継がれるのが理想だろう。東京で形になった大きなものとして挙げたいのがそれまではあまりなかった「オリ・パラ連携」だ。五輪競技の経験者や指導者らが東京パラリンピックの前には障害者の選手に練習のノウハウを提供したり、練習場所を共有したりするなどの動きが活発になった。パラアスリートや競技団体にとって技術向上や精神面などでのプラス面は少なくなかったという。例えば、車いすテニスの国枝慎吾（23年に現役引退）が健常者の全日本選手権でタイトルを取ったこともあるコーチの指導を受けて攻撃的なスタイルへの転換を図り、戦術面でもレベルアップした。パラアスリートでは珍しいプロ転向を早くに果たした陸上走り幅跳びの山本篤（新日本住設）は母校の大体大で陸上部の女子選手らと練習を重ねた。パラ競技はトップアスリートの数自体が少なく練習相手に事欠く場合もあり、トレーニングの質や競技への意欲を上げにくいのが実情という選手もいるため健常者と練習することで得られるメリットは多かった。2人は独自にコーチや練習環境を手に入れたが、ほかにも健常者の元選手や専門家の指導を受けるパラの競技団体やアスリートの数は着実に増えた。JPCも五輪の競技団体に専門知識を持つスタッフの派遣を要請したこともあり、水泳などこれに応えた競技団体もあった。

また、強化拠点のNTCでも、競技によっては同じ練習場を使うためパラの選手が五輪のトレーニングの方法を目の前で見られ、自らの競技力向上に生かすこともできたという。パラ射撃の東京パラリンピック代表選手が大会本番前、練習場で東京五輪の射撃日本代表からアドバイスをもらったり交流したのは好例だろう。それまではあまりなかった選手や指導者、競技団体などの交流が東京大会をきっかけに前進し、パラスポーツのスケールは一段と大きくなった。

＊

パリ・パラリンピックにむけても、この「オリ・パラ連携」は実際、加速しているように思える。東京パラリンピックの陸上男子5000メートル（視覚障害T11）銀メダルの唐沢剣也は22年度から実業団「SUBARU」に入部。それまでも同社陸上部のスタッフの協力を受けていたが、さらに充実した練習環境を手に入れて走りを磨き、昨年7月の世界選手権では同じ種目で念願の金メダルを獲得した。パリ大会での世界一の可能性も十分なポジションにいる。また、東京パラリンピック競泳男子100メートルバタフライ（視覚障害S11）の金メダリストの木村敬一（東京ガス）が大会後、新たにコーチとして招いたのが五輪競泳メダリストの星奈津美さんだった。星さんはバタフライのフォームを指導し、全盲の木村に健常者のより効率的な動きを伝授した。星さんは国内レースではプールサイドから木村の頭や背中に棒で触れ、ターンやゴールのタイミングを伝える「タッパー」役も務めた。星さんとのコンビで3月、5度目となるパラリンピック出場を決めた木村は「技術を教えてもらうのはもちろんだけれど、それ以外にもトップスイマーとして日々、考えていることを聞けることもすごく価値のある時間だった」と感謝し、「東京を超えるようなパフォーマンスを世界で見せられるようにしたい」と意欲を見せている。

　競技団体でも、日本パラフェンシング協会がロンドン五輪フェンシング男子フルーレ団体銀メダルの三宅諒さんを招き、現在三宅さんは代表チームの指導にあたっている。このほかにも、日本国内最高峰の全日本選手権を主催する日本卓球協会が今年1月の大会で初めて身体障害者、聴覚障害者、知的障害者の競技3団体に男女各1人ずつ計6人の推薦枠を設け、全日本の舞台に初めてパラアスリートが出場。選手らは健常者と高いレベルでプレーできる喜びを隠さなかった。

　「オリ・パラ連携」ではパリ大会にむけ、もう一つ、両者の垣根のなさを感じさせる象徴的なシーンがあった。3月、競泳のパリ五輪代表選考会が行われた東京アクアティクスセンターで一足先に男女選手が内定したパリ・パラリンピック競泳日本代表の壮行会が実施されたのだ。五輪の代表選考会の決勝レース前に、パラ競泳の選手がプールに登場。木村敬一や同じく東京パラリンピック金メダリストの山口尚秀（四国ガス）らがデモンストレーションとして観客の前で実際に泳ぎも披露。木村は「こんなに素晴らしい形で泳がせてもらって感慨深い。こういう場の積み重ねが五輪とパラの距離を近づける。ありがたかった」と振り返った。東京、パリ2大会連続出場が内定した競泳女子の辻内彩野（三菱商事）も壮行会後、「すごく素敵な時間を過ごさせていただきました！（五輪の）選手たちからはたくさんの刺激と感動をもらったのでこれからも頑張っていきたいと思います！」とSNSで感動をつづるなど、パラアスリートから続々と喜びの声が寄せられた。

＊

東京大会では開催国枠でパラの舞台に立った団体競技は、パリに向けて厳しい予選を戦っているが、若手の育成や競技環境の整備など、地道な取り組みが実を結んでいる競技も少なくない。男女混合の車いすラグビー日本代表は昨年7月のアジア・オセアニア選手権で豪州を破り団体競技の「日本勢第1号」としてパリ行きを決めた。新監督のもと、２０１６年リオデジャネイロから3大会連続となる表彰台を目指す。

視覚障害者らによる5人制のブラインドサッカー男子日本代表は11月、パリの切符を獲得した。日本協会が次世代選手を育成する「ユーストレセン」を早くから組織した結果、才能ある選手が多く台頭した。代表チームは東京大会前に整備したブラサカ専用コートで月に1、2度、強化合宿を実施しており、パリでは強化の総決算としてメダルを狙う。ゴールボールも昨年男子と女子が相次いで代表権を手に入れた。

一方で、衝撃が走ったのは車いすバスケットボール男子だ。1月のアジア・オセアニア選手権で東京パラ銀メダルの日本男子がパリへの切符を逃したのだ。車いすバスケ男子はパリ・パラリンピックでは出場チームが12から8に減り、出場権争いがより熾烈（しれつ）となり日本はアジアのライバルを上回ることができなかった。パラリンピックでの歴史が長く、世界的にも人気競技の一つだけに日本男子の不在は寂しい所だが、パラではこのほかにも種目数の減少や変更が頻繁に行われ、出場を目指す選手への影響も大きいという事実もある。

例えば、ボッチャはパリ・パラリンピックから個人戦が男女別になり、各国が手探りで強化を進める女子の戦いが大会での新たな見所になっている。陸上女子では上肢障害の斎藤由希子（ＳＭＢＣ日興証券）が自身がかつて世界記録を保持していた砲丸投げのクラスがパリ大会で正式種目に加えられたため、初めて大舞台を見据えることができるようになった。

選手を率いる日本選手団の選手団長

もフレッシュな顔に代わった。射撃女子でパラリンピック3大会連続出場を果たした田口亜希さんが、2021年東京と22年北京冬季パラリンピックと2大会連続で団長を務めた河合氏からバトンを受け継いだ。夏季大会でパラリンピアンが団長を務めるのはその河合さんに続いて2人目で、女性パラリンピアンでは初めて。東京大会では選手村の副村長も務めた実績がある田口氏は3月の記者会見で「選手が最高のパフォーマンスを出せるような雰囲気作りをしたい」と語った。東京パラリンピック後に様々な変化があり、パリでは東京とは違う新たなドラマが生まれる予感がする。

＊

日本を始め世界から約4400人のパラアスリートを迎え入れるパリの舞台はどうだろうか。主な競技会場を見ると五輪同様、パリの歴史ある建造物や遺構を活用した競技場があり、セーヌ川を船で下る五輪に対し、8月28日のパラの開会式はコンコルド広場で開かれる。広場に至るシャンゼリゼ通りで各国・地域選手団の入場が行われ、約6万5000人の観客を予定。大会組織委のトニー・エスタンゲ会長は「市中心部での開会式は、大会を機に障害者を社会の中心に据えようとする私たちの考えを強く反映している」と語っている。大会は9月8日までの12日間で、2021年東京大会と同じ22競技を実施。

車いすテニスは四大大会の全仏オープンでも使われる「ローランギャロス」、ブラインドサッカーは「エッフェル塔」そばの仮設スタジアムがそれぞれ熱戦の舞台となる。このほか、車いすフェンシングとテコンドーは、1900年パリ万博のために建設されたガラス屋根が特徴的な「グラン・パレ」、馬術は「ベルサイユ宮殿」を使用する。トライアスロンはセーヌ川にかかる「アレクサンドル3世橋」がスイムの発着点となる。

原則無観客だった東京大会に対して、パリでは観客を会場に入れたパラリンピックが復活するだけに会場の盛り上がりも大きく期待できるだろう。また、大会組織委は160以上の国と地域で放映されると発表した。組織委によると、全22競技がライブ中継されるのは初めてでエスタンゲ会長は「世界中で大会への期待が大きい」とコメントしている。日本のファンは画面や配信を通じて、選手たちの熱戦を楽しむことができるだろう。

＊

最後にロシアのウクライナ侵攻などがパリ・パラリンピックに与える影響

についても触れておきたい。国際パラリンピック委員会（ＩＰＣ）は３月、ロシアと同盟国ベラルーシの選手について、国を代表しない「中立の個人資格の選手（ＮＰＡ）」として参加を認めると発表した。ただしウクライナ侵攻を積極的に支持したり、軍や治安機関などの所属選手は参加させない方針だ。ＮＰＡ選手はメダル表には記録されず、開閉会式での行進も実施されない。ただ今後の国際情勢の変化があればパラリンピックにも更なる影響が生じる可能性もあり、「平和の祭典」が始まるまさにその日まで予断は許さず、世界のパラスポーツ関係者にとっても見逃せない状況は続く。

（読売新聞東京本社編集局運動部）

スポーツ研究入門

スポーツ・エコロジー論序説

宮澤優士

はじめに

気候変動は現代社会において無視できない課題となっている。異常気象、災害の増加、海面上昇、温暖化、資源の枯渇など、取り組むべき課題は数多く存在する。これらの影響は、資本主義や新自由主義と絡み合いながら、さらに複雑化している。例えば、2005年のハリケーン・カトリーナは、アメリカ合衆国東南部のルイジアナ州やミシシッピ州の住宅や企業に壊滅的被害をもたらした。この災害の後、新自由主義的な政策の下で公営住宅が解体され、住居、教育、医療、ライフラインなどが民営化された結果、被災者は保障された生活を奪われ、失業率は上昇し、貧困と格差がさらに拡大した（クライン、2011）。この事例から明らかなように、気候変動と資本主義の相互作用によって生じるリスクは、不平等に配分されがちであり（ベック、1998）、環境の問題はいまや社会問題として捉えなければならない。

気候変動の影響はスポーツ界にも及んでおり、とりわけ地球温暖化による影響が大きい。陸上競技においては酷暑が大きな問題となっており、2019年ドーハ世界陸上では異常な暑さのため女子マラソンの多くの選手が棄権する事態に至った。対策として競技の開始時間を前倒ししたものの、これは一時的な解決策に過ぎず、根本的な問題解決には至っていない。アスリートたちは、自らの生命がリスクにさらされながら競技する状況が続いている。

国内でも、酷暑の中でのスポーツイベントの開催が問題視されている。例えば、全国高等学校野球選手権大会では、試合中の暑さ対策としてクーリングタイムを設ける措置が取られたが、これもまた一時的な対応に留まっており、開催時期や開催そのものの見直しなどの根本的な解決策は採られていない（玉木・小林編、2023）。

スキー場の乱開発と閉鎖に関連する問題も、気候変動の影響の一環として取り上げられる（呉羽、2014）。1960年代以降のスキー場の急増とその後の閉鎖は、主に降雪量の減少によるものだが、これによる環境に対する影響は深刻である。山の切り崩しによって形成されたスキー場が放置され、その結果、環境は元の状態に戻ることなく、適切な復旧措置も講じられていないのが現状である。このような問題は、気候変動と直接的に関連しているだけでなく、スポーツ活動が環境に与える影響の一例として理解されるべきである。

スポーツ界が環境問題に本格的に取り組み始めたのは、1994年、国際オリンピック委員会（IOC）がオリンピック憲章に「環境」の項目を追加し、「スポーツ・文化・環境」の三本柱を確立した時期である。この動きは、1980年代後半から顕在化した地球温暖化問題と、1992年の国連環境開発会議（地球サミット）での議論に対する応答だった。メガ・スポーツイベントは開発によって環境に多大な負荷をかけ、地域にも大きな負担を背負わせる恐れがあることから、早急な解決が目指された。しかし、先行研究が示唆するように、メガ・スポーツイベントを主催する組織の環境問題への対応は、表面的なものであり、実質的な取り組みには至らない状況が批判されてきた（Cantelon and Letters, 2000）。

では、なぜスポーツは環境問題と真摯に向き合うことが難しいのだろうか。どのような視点からスポーツと環境問題について認識するべきだろうか。本稿では、以上ふたつの問いをもとに、議論を深めていきたい。

先行研究は、スポーツに固有な論理に深く入り込むことなく、その限界を露呈している。これは近代スポーツが自然を排除してきた歴史的背景に起因しているが、後に示すように、スポーツと自然環境との間には深い関係がある。本稿では、近代スポーツと自然の二項対立を超え、異種混交性を捉える新たな視点を提示することで、スポーツと自然環境の関係について探求したい。

スポーツと環境問題について論じていくなか、新たな視点として、「スポーツ・エコロジー論」を提示したい。エコロジー（ecology）は、1866年にエルンスト・ヘッケルによって作られた言葉「oecologie」から来ており、この用語には「有機体とその環境との間の諸関係に関する科学」という意味が込められている（ハニガン、2007：157）。スポーツ環境論（松村、2006）が先行研究として提示されるものの、改めてスポーツ・エコロジー論という表現を用いたのは、ヘッケルの言う「関係性」に着目する意図がある。近代スポーツが排除してきた自然との関係性に焦点をあてることで、環境問題の根底に迫った議論が可能になると考える。

メガ・スポーツイベントにおける環境問題

メガ・スポーツイベントにおける環境問題への対応は、先行研究において一貫して批判されている。特に、ワールドカップやオリンピックのようなイベントの主催者は、環境に対する配慮を公言しながら、その実態は形式的なものにとどまり、多くの場合、実質的な環境保護策を講じてこなかった。このような状況は、グリーンウォッシュとして広く批判されている。グリーンウォッシュとは、環境への配慮を装いつつ、実際には環境負荷を続ける行為を指す（Miller, 2017）。

１９９２年のアルベールビル冬季オリンピックは、この問題を浮き彫りにした具体例である。当時、地元の環境保護団体の反対にも関わらず、ＩＯＣは表面上の環境配慮のみを示して、実際には自然環境を大きく損ねる結果となった（Cantelon and Letters, 2000）。この経験によってＩＯＣはオリンピック憲章に「環境」の項目を新設することとなったが、その後も実質的な改善は見られなかった。

２０００年に開催されたシドニー夏季オリンピックでは、グリーンゲームを謳いつつも、実際には不透明な説明と形式的な協定運用が行われ、環境保護への取り組みは不十分だった（Lenskyj, 2012）。同様に、ＦＩＦＡワールドカップやＦ１レースでも、公表される環境対策は、実際の環境影響を過小評価する内容に留まっている（Miller, 2017）。

こうした批判によって、スポーツ界においても、環境に配慮することは無視できない要素となりつつある。グリーンウォッシュを批判するMiller（２０１７）の議論においては、スポーツの「外」を整備すること、すなわち、イベント開催にあたってどのような環境規定を入れ込んでいるかに対し、それがいかに見せかけであるかが例証されてきた。

しかし、グリーンウォッシュ批判においては、スポーツに内在する論理と環境の接合性が抜け落ちてしまうことに注意が必要である。この批判は主に、企業や組織が環境に対する責任を果たしているかのように見せかける行為を問題視するものだが、その過程でスポーツそのものが持つ自然環境との結びつきが見落とされることがある。スポーツと自然環境との関係性を掘り下げないまま、グリーンウォッシュの批判を展開するのは、組織への批判としては有効かもしれないが、論理的な矛盾に陥っている可能性がある。スポーツの自然との関係性に迫った議論を展開しなければ、批判の対象を正確に捉えることができなくなり、より効果的な環境保護策を模索する機会を逸してしまう。

こうした陥穽は表面的な問題ではなく、より深い歴史的背景に根ざしているため、近代スポーツの成立過程から考えなければならない。したがって次節では、近代スポーツが自然とどのような関係を築いてきたのかを検討する。

近代スポーツと自然環境の相容れなさ

アレン・グットマンは、近代スポーツが資本主義の発達とともに、合理化された過程を経て成立してきたと指摘する。この過程では、スポーツ空間が標準化され、一定の環境下での競技が前提とされた。コートの面積やボールの大きさ、あるいは身につける道具までも統一することで、スポーツは誰もが均一の空間で楽しむことのできる身体文化となった（グットマン、１９９７）。

このような歴史の中で、近代スポーツの成立過程における合理化とは、不確定要素となりうる「自然」をできる限り切り離してきたとも捉えられる。これにより、アスリートは均質な環境で、純粋に身体的な差異を拠り所として競技することができるようになった。室内プールやスタジアムの建設、ゲレンデスキーのための森林伐採などは、この文化の一部として自然を操作し排除する例である。このように、近代スポーツは非自然の要素を基盤として発展してきたのである。

この点で、近代スポーツの特徴は、科学人類学者ブルーノ・ラトゥールが『虚構の近代』で論じる近代社会の特徴と重なる部分がある。ラトゥールは、近代社会が自然を排除し、それを人間とは独立した「単一の自然」として捉えることによって発展してきたと論じている。近代社会は専門化された科学的知識を通じて自然を発見し、支配しようと試みている。そしてラトゥールは、このように社会／自然を安易に切り分ける近代社会を「虚構」と表現する。実際には、社会と自然は複雑に混じり合い、異種混交的に存在する。社会から一方的に自然を「発見」し、搾取し続けた結果、自然環境の問題が社会問題化している現状がこれを証明している（ラトゥール、２００７）。

近代スポーツもまた、ラトゥールのいう「虚構」を体現していると言えよう。加えて、社会／自然の排他的関係を基礎とする認識のもとでスポーツと環境の関係を把捉したからこそ、前節で検討したグリーンウォッシュ批判は両者の豊穣な関係を見落としたのである。しかし、社会が異種混交性で満ち溢れているように、スポーツ文化も純粋に自然と切り分けられるものではない。そうした異種混交性に焦点をあてることで、近代スポーツが温存してきたスポーツ文化／自然の二項対立を解体できるだろう。

松村和則によるスポーツ環境論

実のところ、近代スポーツの二元的枠組みの解体について、既に類似した観点から捉えた論考として、松村和則が提示したスポーツ環境論がある（松村、２００６）。

松村は、スポーツを都市文化の産物と位置づけ、それを周縁地域、特に農村と対比することで、農村スポーツ研究の重要性を提起した。氏によれば、「都市という社会的存在は、それ自体では自立できないにもかかわらず、飢えることもなく『豊かで、快適に』過ごすことができたのは、周囲からエネルギーの供給をつねに仰ぐことができたから」であるという。そして、スポーツも同様に、「スポーツ＝都市文化→都市的生活様式という暗黙の前提があり、自由で望ましい都市生活の様式のツールとしてスポーツが存在する」という（松村、２００６：２５５‐２５７）。つまり、都市が都市のみで存在しないのと同様に、都市社会の産物であるスポーツも都市社会のみで自律するものではなく、周辺地域との関わりにおいて存在している。にもかかわらず、農山村の開発によってスポーツ空間が突如として現れるとき、スポーツはまるで他から切り離された都市的空間として現出する。こうしたスポーツの象徴性や暴力性に対して、松村の問題意識があった。

では、このようなスポーツの特徴に対し、どのような議論を展開できるだろうか。松村は、近代スポーツを自律した都市的かつ合理的なものと見なすのではなく、より広い地域空間との関係の中で捉えるような、「スポーツ環境論」を提示している。言い換えれば、スポーツ環境論においては、『開発の世界』と『ローカルな場』を横断する認識方法の開発」が必要とされた（松村、１９９９：２７０）。この点を踏まえると、スポーツが地域社会や自然環境とどのように関わっているのか、そしてその関わりが地域の持続可能性にどのように貢献できるのか、または逆にどのような問題を引き起こしているのかが認識できるだろう。

松村のスポーツ環境論を経由した理由は、氏の議論をスポーツ文化／自然に読み替えることで、グリーンウォッシュ批判が抱える限界を突破できると考えたからである。先ほど述べたように、都市的なものとして成立してきた近代スポーツは同時に、非自然的なものとして成立した。しかし、スポーツが非自然として表象されるからといって、自然との関係性が断絶されているわけではない。つまり、スポーツの自然との関係を分析することで、新たにスポーツ・エコロジー論としての視座を整えることができるのではないだろうか。

ただし、松村の分析はあくまで象徴的なレベルでの議論にとどまり、スポーツ実践自体に深入りした分析には至っていない。松村は主に、メガ・スポーツイベントが農村生活に与える影響に焦点を当て、その問題がスポーツの象徴性によって見えなくなっていることが深刻であると指摘した。例えば、松村は以下のように述べる。

「スキー」は過疎の村々の人たちをなんとか地元に定着させ、国民の健全な冬季スポーツを振興するという経済的象徴的効果が絶大であるだけに、環境問題が顕在化しにくいという隠れた難点がある。（松村、1999：280）

この視点は重要である。しかし、スポーツの実践に立ち入り、自然との関係性について踏み込まなければ、改めてスポーツを論じる意義が失われてしまう。だからこそ、今一度スポーツの微細な部分に立ち戻ることが要請される。スポーツの固有の論理（渡、2014）と、スポーツの「外」すなわち自然との関係を分析することで、スポーツ／自然の二元論的枠組みを解体できるだろう。

山本敦久によるポスト・スポーツ論

では、スポーツ／自然の二元的枠組みの解体とはいかにして可能だろうか。スポーツの実践を踏まえて考えることはいかにして可能か。ここで、山本敦久によるポスト・スポーツ論と、それに連なるスノーボーダーの研究を参照したい。

山本は、データによって拡張される身体、そうした身体感覚によるスポーツ実践の諸特徴を、「ポスト・スポーツ」として提示した。山本によれば、従来の近代スポーツ論が前提としてきた「生身の身体」や「自然の身体」のような主体は神話であり、「ポスト・スポーツの主体は、絶えず生成され、集積され、分析される『データ』そのもの」（山本、2020：10）であるという。つまり、スポーツを単なる個体（主体）による実践として捉えることに禁欲的になり、主体を持たない前―個体性としてのデータ、認知、情動などの相互作用による個体化のプロセスとして捉え、新たな身体が構築されることに着目するのである。

この視点に基づき、山本はスノーボード文化を「特有の身体＝精神構造によってオルタナティヴなライフスタイルを提起する営為を『ポスト・スポーツ』」（山本、2020：

245）として位置づける。サーフィン、スケートボード、スノーボードを総称する「横乗り」の身体運動においては、自らの身体が運動の中心に据えられるわけではない。波や地面の凹凸、雪質、気温、風向きなど、変化し続ける多様で豊穣な環境を観察し、それらと対話しながら実践しなければならない。逆に、自然環境の観察を怠り、自らが本位となって実践をおこなえば、生命に危険が及ぶこともある。絶え間なく自然と相互作用することで、自らの身体感覚は洗練され、より豊かな実践が可能になるというのが、横乗りスポーツの特徴と言えよう。

スノーボードは身体感覚が大切なスポーツではあるが、身体が中心にあるわけではない。このことが非常に重要である。つまり、主体が前提にあるわけではなく、前─個体的な器官、ボード、自然による相互作用によって初めて個体化のプロセスとして認められ、スノーボードという身体運動は成立している。同時に、身体を中心に据えられない実践だからこそ、身体感覚は否応なしに変容させられていく。自然との相互作用により、ライフスタイルまでもが組みかえられていくスノーボーダーの実践に、山本は着目したのである。

小括

ここまで、スポーツの文化と環境に関する先行研究を概観しつつ、新たにスポーツ・エコロジー論を立ち上げようとしてきた。まず、スポーツと環境問題に関する先行研究を検討し、メガ・スポーツイベントが環境に配慮する際に包摂する欺瞞が、グリーンウォッシュという行為であると批判されてきたことを明らかにした。次に、グリーンウォッシュ批判が、スポーツに内在する論理を深く掘り下げず、スポーツそれ自体と環境との関係性を見据えていないことを指摘した。こうした見えづらさの原因として、近代スポーツが都市的なもの、非自然的なものとして成立してきたことを確認した。ただし、社会が自然との異種混交性で満ち溢れているように、スポーツも自然との関係性を完全に断ち切っているわけではない。そこで、スポーツと自然の関係性を捉える視座を整えるため、松村のスポーツ環境論を経由しつつ、山本のポスト・スポーツ論を参照した。ポスト・スポーツ論は、スポーツを「生身の身体」や「自然な身体」を基盤とする主体による運動、人間中心主義からの脱却を図っている。そして、スポーツを前個体的な器官、道具、環境との相互作用によって形成されるプロセスとして捉え、その分析の重要性を提起している。

筆者は、ポスト・スポーツ論を敷衍することで、スポーツ・

エコロジー論の理論的視座を整えることが可能だと考えている。つまり、スポーツそれ自体を、人間主体でおこなわれる実践として捉えるのではなく、前―個体的なものの相互作用による個体化のプロセスとして捉えるといった視座である。そのような視座を整えることで、スポーツと環境に関する諸問題を、単なるグリーンウォッシュとして批判することを回避し、スポーツに内在する論理から捉えることができるのではないだろうか。

筆者はすでに、サーファーが地元の海の環境問題に対して、保全運動を起こした事例を分析している（宮澤、2023）。そこでは、サーファー自らの身体感覚とサーフィンの経験が、波や風、防波堤など非―人間的なものとの組み合わせによって構成されていることを述べている。さらには、異種混交的に構成されるサーファーの固有な身体感覚によって、海洋工学の知見が見直される契機となったことを指摘した。このように、スポーツの身体感覚は決して主体のみによって構成されるものではない。身体はあくまで前―個体としての器官として存在しており、様々なアクターによって個体化へと向かっている。そのような個体化のプロセスに着目することで、スポーツのもつ強固な二元論を解体できると考えられる。

本稿では、先行研究の課題を指摘し、スポーツ・エコロジー論を立ち上げていくことを目指したが、やや理論的練り上げが不足していることは否めない。ひとえに本稿の限界である。こうした課題に対して、ドゥルーズをはじめとする自然哲学的思考や、ラトゥールによる科学社会学的思考を参照することで、より洗練された理論として組み上がると考えられる。両者に共通することは、人間中心主義からの脱却をはかり、モノすなわち非人間的要素をアクターとして認めていることであり、まさにスポーツと自然との関係性を捉えるうえで有効であろう。今後の課題としたい。

（成城大学スポーツとジェンダー平等国際研究センター）

【参考文献】

ベック・ウルリヒ、東廉・伊藤美登里訳（1998）『危険社会：新しい近代への道』法政大学出版局。
Cantelon, H, and Michael L. (2000) The Making of The IOC Environmental Policy as The Third Dimension of The Olympic Movement. International Review for the Sociology of Sport 35(3): 294-308.
グットマン・アレン、谷川稔他訳（1997）『スポーツと帝国：近代スポーツと文化帝国主義』昭和堂。
ハニガン・ジョン、松野弘監訳（2007）『環境社会学：社会構築主義的観点から』ミネルヴァ書房。
クライン・ナオミ、飯島幸子・村上由美子訳（2011）『ショック・ドクトリン（上・下）：惨事便乗型資本主義の正体を暴く』岩波書店。

呉羽正昭（２０１４）「日本におけるスキー場の閉鎖・休業にみられる地域的傾向」『スキー研究』11（1）：27‐42頁。

ラトゥール・ブルーノ、川村久美子訳（２００８）『虚構の「近代」：科学人類学は警告する』新評論。

Lenskyj, H. J. (2012) The Best Olympics Ever?: Social Impacts of Sydney 2000. State University of New York Press.

松村和則（１９９９）「スポーツと開発・環境問題」井上俊、亀山佳明（編）『スポーツ文化を学ぶ人のために』世界思想社、２６６‐２８２頁。

松村和則（２００６）「スポーツ環境論の課題：スポーツに「地域」を埋め戻す」、菊幸一・清水諭・中澤眞・松村和則（編）『現代スポーツのパースペクティブ』大修館書店、２４５‐２６３頁。

Miller, T. (2017) Greenwashing Sport. Taylor & Francis.

宮澤優士（２０２３）「サーファーが環境保全を訴えるとき：千葉県長生郡一宮町の事例から」『スポーツ社会学研究』31（1）：１０１‐１１５頁。

玉木正之・小林信也（編）（２０２３）『真夏の甲子園はいらない：問題だらけの高校野球』岩波書店。

渡正（２０１４）「スポーツ経験を社会学する：実践の固有な論理に内在すること」『スポーツ社会学研究』22（2）：53‐65頁。

山本敦久（２０２０）『ポスト・スポーツの時代』岩波書店。

執筆者紹介

山口 理恵子（ヤマグチ リエコ）
城西大学教授。【主な著書】『スポーツとLGBTQ+：シスジェンダー男性優位文化の周縁』（共著）晃洋書房、『日本代表論：スポーツのグローバル化とナショナルな身体』（共著）せりか書房。

岡田 桂（オカダ ケイ）
立命館大学産業社会学部教授。筑波大学大学院博士課程人間総合科学研究科中退。早稲田大学スポーツ科学部助手、関東学院大学国際文化学部講師を経て現職。【主な著書】『スポーツとＬＧＢＴＱ＋：シスジェンダー男性優位文化の周縁』（共著）晃洋書房、『ポストヒューマン・スタディーズへの招待』（共著）堀之内出版、「トランスジェンダー・アスリートとスポーツの臨界：身体の多様性と公平性のどこに境界線を引くか」『体育の科学』72巻8月号、杏林書院。

來田 享子（ライタ キョウコ）
中京大学スポーツ科学部教授。日本体育・スポーツ・健康学会会長、日本スポーツとジェンダー学会会長、日本オリンピック委員会理事、日本陸上競技連盟常務理事、スペシャルオリンピックス日本理事等。【主な著書】『〈ひと〉から問うジェンダーの世界史 第1巻：〈ひと〉とは誰か？』（分担執筆）大阪大学出版会、『ジェンダー事典』（編集・分担執筆）丸善出版、『つなぐ世界史3 近現代』（分担執筆）清水書院、『東京オリンピック１９６４の遺産：成功神話と記憶のはざま』（編著）青弓社など。

竹﨑 一真（タケザキ カズマ）
明治大学情報コミュニケーション学部特任講師。専門はスポーツ社会学、カルチュラル・スタディーズ。現在はスポーツ科学におけるジェンダー問題に関心を持ち研究に取り組んでいる。【主な著書】『ゆさぶるカルチュラル・スタディーズ』（共著）北樹出版、『ポストヒューマン・スタディーズへの招待―身体とフェミニズムをめぐる11の視点―』（編著）堀之内出版。

野口 亜弥（ノグチ アヤ）
成城大学文芸学部専任講師。成城大学スポーツとジェンダー平等国際研究センター副センター長。専攻はスポーツと開発、スポーツとジェンダー・セクシュアリティ。論文に「タイに見られるジェンダー規範とジェンダー平等に対するスポーツの役割認識：政策立案者の視点」『体育学研究』第66巻など。

関 めぐみ（セキ メグミ）
甲南大学文学部社会学科准教授。大阪府立大学大学院人間社会学研究科博士後期課程修了、博士（人間科学）。専門は社会学、ジェンダー論。京都光華女子大学助教などを経て現職。【主な著書】『〈女子マネ〉のエスノグラフィー：大学運動部における男同士の絆と性差別』晃洋書房、『データでみるスポーツとジェンダー』（共著）八千代出版など。

河野 真太郎（コウノ シンタロウ）

専修大学国際コミュニケーション学部教授。東京大学大学院人文社会系研究科博士課程を満期退学。博士（学術）。専門はイギリス文学・文化、ジェンダー論。【主な著書】『正義はどこに行くのか』集英社新書、『はたらく物語』笠間書院、『増補 戦う姫、働く少女』ちくま文庫、『この自由な世界と私たちの帰る場所』青土社、『新しい声を聞くぼくたち』講談社など。翻訳書にウェンディ・ブラウン『新自由主義の廃墟で』（人文書院）など多数。

鈴木 楓太（スズキ フウタ）

京都先端科学大学健康医療学部講師。スポーツとジェンダー学会理事。博士（社会学）。専門はスポーツ史、スポーツジェンダー論。【主な著書】『戦時下の大衆文化：統制・拡張・東アジア』（共著）ＫＡＤＯＫＡＷＡ、『身体文化論を繋ぐ：女子・体育・歴史研究へのかけ橋として』（共著）叢文社、『よくわかるスポーツとジェンダー』（共著）ミネルヴァ書房、『コーチング概論』（共著）みらい、『12の問いから始めるオリンピック・パラリンピック研究』（共著）かもがわ出版。

松原 渓（マツバラ ケイ）

スポーツジャーナリスト。女子サッカーの最前線で取材し、国内のなでしこリーグはもちろん、なでしこジャパンが出場するワールドカップやオリンピック、海外遠征などにも精力的に足を運ぶ。自身も小学校からサッカー選手としてプレーした経験を活かして執筆活動を行い、様々な媒体に寄稿している。【主な著書】『日本女子サッカーが世界と互角に戦える本当の理由』東邦出版。

畔川 吉永（アゼカワ ヨシナガ）

読売新聞東京本社編集局運動部次長。１９９６年一橋大学を卒業、読売新聞社に入社。２０１０年～11年ロンドン大学バークベック校留学、11年に修士号（スポーツマネジメント&フットボールビジネス）取得。リオデジャネイロ支局などを経て現職。

宮澤 優士（ミヤザワ ユウシ）

成城大学スポーツとジェンダー平等国際研究センターポストドクター研究員。【主な論文】「サーファーが環境保全を訴えるとき――千葉県長生郡一宮町の事例から――」『スポーツ社会学研究』31巻1号。

編集後記

25年前、大学院の修士課程が終わったばかりの私は、アメリカでジェンダーを学ぶ準備を進めていた。そんな私に対して、「山口、おまえな、ジェンダーのことなんて研究したところで、喰っていけないよ」と大御所の教授から諭されたことが、今でも頭から離れない。当時の私は呆気に取られ、言い返す言葉を見つけることすらできなかった。

100歩譲って考えれば、当時はまだ新しい学問分野であったジェンダー研究に飛び込もうとしている学生の先行きを案じ、「親心」のようなつもりで言ったのかもしれない。が、これから意気揚々と海外へ飛び立とうとしていた若者には、その教授からの言葉は出端を挫くもののように感じられた。

博士課程の学生になり大学院は変わっても、似たような教授に出くわした。論文指導のたびに決まって「猿にも文化がある」と意味不明な話をされた。ジェンダーフリーバッシングも最盛期だった。

あれから20年以上の時を経て、彼らに「薫陶」を受けた私が、ジェンダーの特集号を担当することになった。果たしてこの皮肉な状況に、私を指導した教授たちは、今どのような気分でいるだろうか。また彼らと同じ立場になった私は、学生たちにどのように映っているのだろうか。

制度は変わっても、変わらないことはたくさんある。制度ができたからこそ、見えにくくなったことも多い。憤ることも呆れることもしばしばだ。それでも、社会と闘い研究分野を切り開いてくれた先人たちのように、私も諦めたくはない。何を言われようとも。どんなからかいを受けようとも。

年度末から新年度にかけての忙しい時期に、座談会及び執筆に関わってくれた皆さんに、そして、この企画を私に提案し依頼してくださった創文企画に心から感謝致します。

現代スポーツ評論 50

2024年5月20日発行

編　者　山口理恵子

発行者　鴨 門 裕 明

発行所　創 文 企 画

〒101-0061
東京都千代田区神田三崎町3−10−16　田島ビル2F
TEL：03−6261−2855　FAX：03−6261−2856
［振替］00190−4−412700

印　刷　壮光舎印刷

表紙デザイン　松坂　健（ツー・スリー）

ISBN978−4−86413−190−2 C3075

『現代スポーツ評論』第51号は、
2024年11月20日発行予定です。